マスタークラス

英語構文を使いこなす 瞬間英作文トレーニング

森沢洋介＝著

It is nice to be on the beach
I owe wh
I ha etter go ho
Surprised by the crash e cat jumped.

はじめに

　英語で短文をつくったり暗唱したりすることは古くからある学習法のひとつで、地味ですが力のつく方法です。この学習法にはさまざまな実践法やバリエーションがありますが、私は自分なりの方法でこの訓練を行い、大きな効果を上げることができました。私は自分の手法を「瞬間英作文」と名づけ、英語塾を開いてからも、指導において重要なトレーニングとして位置づけ、成果を上げてきました。

　私は瞬間英作文のトレーニングを３つのステージに分けて進めることを提案しています。
　まずは、第１ステージと第２ステージで中学英語程度の文型、語彙・表現を使って簡単な英文をスピーディに大量につくり、基本文型を瞬間的に使いこなせる能力＝瞬間英作文回路を養成します。

　そして、この瞬間英作文回路をベースとして、次の第３ステージで文型や語彙などの制限をはずし、より複雑な文や、多彩な表現が盛り込まれた文をつくる練習に乗り出します。

　第１ステージと第２ステージの目的は瞬間英作文回路の獲得ですから、限られた表現を使って基本文型による英作文が反射的にできるようになればゴールです。

　一方、第３ステージの目的は表現力の限りない拡大ですから、終わりがありません。
　果てしない航海と言える第３ステージで、私が最初に取り組むこと

を強くお勧めするのは、基本動詞と、高校英語・大学受験レベルの構文です。

　基本動詞は英語を母語とする人たちの言語感覚や日常的で自然な英語を理解するために必須です。一見簡単な基本動詞は実際には非常に奥が深く、その使いこなしは短期でマスターできるようなものではありませんが、その基本的な感覚・使い方を早期に知っておくことは重要です。

　この基本動詞の世界の一端を紹介したのが、前作『バンバン話すための瞬間英作文「基本動詞」トレーニング』です。

　本書では、第3ステージの初期に取り組むべきもうひとつの分野である、高校英語・大学受験レベルの構文をテーマとしています。

　英語の構文に習熟することは、読解力、ライティング、リスニング、スピーキングなど多方面に効果をもたらしてくれます。

　高校時代や大学受験の記憶で、英語構文を難しく感じ、苦手意識を持つ人も多いものですが、その根本的な原因は基本文型が十分に身についていないことです。複雑で難解な印象に反して、英語構文のほとんどは、基本文型の組み合わせや応用にすぎません。ですから、瞬間英作文トレーニングの第2ステージまでを完了して基本文型が身についていれば、さしたる困難なく一定期間で習得できるものです。

　第2ステージまでを終え瞬間英作文回路を身につけ第3ステージのトレーニングに乗り出す方々にとって、本書が英語構文を習得する一助になることを願っております。

森沢洋介

もくじ

1 it 構文

2 関係詞

8　「時」を表す構文

9　比較

瞬間英作文トレーニングとは

「わかっている」を「できる」にする

　この本を手に取った人は、英語を自由に話せるようになりたいという願望を持っていることでしょう。この願望を叶えるために、それなりに努力もしたかもしれません。英会話学校に通ったり、表現集で会話表現を暗記してみたり。でも、成果は満足できるものではなかったのではないでしょうか？

　英語力の他の側面がかなりのレベルにある人でも、英語を話す能力だけが遅れてしまうことが多いものです。受験勉強などで、抽象的で難解な英文を読み解く能力を身につけていても、簡単な英文さえ、反射的には口から出てこない、あるいは相手が話す英語はだいたいわかる聴き取り能力はあるのに、自分が話すとなるとうまくいかず、スムーズな会話が成立しないというフラストレーションは、私自身が経験したことなのでよく理解できます。

　所詮、英語を話すということは、留学などで長期間、英語圏で暮らさない限り叶わないことと嘆息したくなりますが、諦めるのは早すぎます。発想を変え単純なトレーニングを行いさえすれば、日本を一歩も出なくても、英語を話せるようになります。

　それなりに英語を勉強してきたのに話すことはからきし、という行き詰まりを打破するのに非常に効果的なのが、**瞬間英作文**というトレーニングです。方法は極めて単純で、中学で習う程度の文型で簡単な英文をスピーディに、大量に声に出してつくるというものです。「馬鹿にするな。中学英語なんかもうわかっている」という声が聞こえてきそうです。それでは、ちょっとテストしてみましょう。あなたは次のような日本語文をバネ仕掛けのように即座に口頭で英語にできますか？

① 学生のとき、私はすべての科目のなかで数学が一番好きだった。
② 君はあの先生に叱られたことがある？
③ 昨日僕たちが会った女の人は彼の叔母さんです。

どうでしょうか？ 瞬間的に口から出すのはなかなか難しいのではないでしょうか？ しかし、英語を話せる話せないを分ける境界線はこうしたことができるかできないかです。

英文例を挙げておきましょう。

① When I was a student, I liked mathematics（the）best of all the subjects.
② Have you ever been scolded by that teacher?
③ The woman（whom / that）we saw yesterday is his aunt.

英文を見てしまうと「なーんだ」というレベルでしょう。しかし、英文を見れば難なく理解できるけれど、自分では口頭で即座につくれないという人は、**中学英語が「わかる」から「できる」に移行していない**のです。英語を話せる人というのは、自然な経験を通じてだろうと、意識的な訓練によってだろうと、必ずこうした基本文型の使いこなしをマスターしています。

簡単な英文を楽にたくさんつくって英作文回路を敷設

そもそもなぜ多くの学習者は本来単純なこのトレーニング方法を見すごしてしまうのでしょうか？ 大きな原因のひとつは、英語が学校や受験の科目になっていることです。学科というものは学生の知的能力を伸ばすことが目的ですから、その成果を測るテストはあくまでも知的な理解を確かめるものだけとなりがちです。ですから、

自然な言語使用では絶対条件となるスピードを身につけることはおろそかにされ、知的な理解が得られただけで次々により難しいレベルに移っていき、結果として、ネイティブスピーカーでも敬遠するような難解な英文は読み解けるのに、簡単な会話さえままならないという悲喜劇が生じることになります。

　英語を言葉として自由に使いこなすという目的から見た非現実さは、100メートルを1分かけて走るのに例えられます。オリンピック選手は100メートルを10秒前後で駆け抜け、小学生でも20秒ぐらいで走ることができます。英語を難解な文法パズルと考えることから脱却して簡単な文をスピーディに大量につくってみてください。そうすれば、逃げ水のようだった「英語を話せるようになる」という目標は達成されるのです。

　「英文を大量につくるなんてしんどい」という人は、まだ英語を学科としてしか見ない呪縛から解き放たれていません。瞬間英作文は、受験勉強の構文暗記や英作文とはまったく違います。学科英語では、基本的な文型に習熟することなく、やたらと複雑な文を覚えようとしますから、いきおい理解・実感の伴わないゴリゴリとした暗記になってしまいます。また大学受験の英作文問題の多くは長大で抽象的な内容で、基本文型の使いこなしさえできないほとんどの受験生にとっては手の届かないレベルです。まるで、大学受験のレベルとはかくあるべきという大学側の面子で出題されているとさえ思えるものです。受験生の大半は、整然とした英文を書くことなどできませんから、英作文問題は捨てるか、ところどころで部分点を稼ぐことで精一杯です。

　瞬間英作文で行うのは次のようなものです。
① あれは彼のかばんです。　　　　　　　→ That is his bag.

② これは彼女の自転車ですか？　　　　→ Is this her bicycle?

③ これは君の本ですか？　　　　　　　→ Is this your book?

④ あれは彼らの家ではありません。　　→ That is not their house.

⑤ これはあなたの部屋ではありませんよ。

→ This is not your room.

　引き金となる日本語を見て英語を口にすることは暗記という感じではないでしょう。中学英語が頭に入っている人にとっては文型や語彙のレベルでまったく負荷がかからないし、同じ文法項目が連続的に扱われているからです。

　瞬間英作文トレーニングではまずこのレベルの英文を文型別につくることを行います。肝心なのはスピードと量です。多くの学習者はわかっているとは言いながら、上に挙げたような文でも口頭で行うとなると、バネ仕掛けから程遠く、とつとつとした口調になってしまいます。トレーニングを続けて、ふつうに話すペースで次から次へと英文が口から飛び出してくるようにすることが必要です。

　ただ、いったん発想を変え、一定期間トレーニングを行えば、このような**英作文回路**を自分のなかに構築することはたいして難しいことではありません。今まで見すごしていたかもしれない瞬間英作文トレーニングにぜひ取り組んでみてください。あなたの英会話力に革命が起こるに違いありません。

ステージ進行

　瞬間英作文トレーニングは3つのステージに分けられます。各ステージで目的とする能力をしっかりつければトレーニングを効率的に進めていくことができます。

第1ステージ

　英作文回路の基礎をつくる最初のそしてもっとも重要なステージです。このステージの目標は中学レベルの文型で正確にスピーディに英文をつくる能力を身につけることです。素材としては、文法・文型別に瞬間英作文ができるものを使います。語彙や表現に難しいものが一切入っていない、**英文を見てしまえば馬鹿らしいほど易しいもの**を使ってください。多くの人はここで色気を出して、難しい表現や気が利いた表現をちりばめた例文集を使おうとしますが、これが走り出したばかりのところで躓く大きな原因なのです。

　when 節を練習する例文として、「販売部長の売上報告を聞いたとき、社長は即座に次の四半期の戦略を思い描いた」といった例文を使うと、「販売部長」「売上報告」「四半期」「戦略を思い描く」などという表現を考えたり覚えたりすることでエネルギーを使い、負担がかかってしまいます。これに対し、「彼が外出したとき、空は青かった」という程度の例文なら負担がほとんどないので、同じ時間でたくさんの英文をつくりだすことができます。そして、英語を自由に話す能力の獲得のためには、簡単な英文をスピーディに、ひとつでも多くつくった人が勝ちなのです。

　高度で気の利いた表現の獲得は第3ステージで取り組む課題です。そして、第1ステージで基本文型を自由に扱える能力を身につけた人ならば、第3ステージで心置きなく、ラクラクと英語の表現を拡

大していくことができます。

第2ステージ

　第2ステージでも対象は依然として中学レベルの文型です。しかし、このステージでは第1ステージから一歩進んで、文型別トレーニングから、応用力の養成へと移行します。第1ステージでは同じ不定詞だったら不定詞、受動態だったら受動態というように同じ文型ごとに行っていた瞬間英作文トレーニングを、ばらばらの順番で、あるいは複数の文型が結合した形で行います。第1ステージは同じ文型が並んでいますから、いわば直線コースをまっしぐらに走るようなもので、スピードをつけるのに最適です。

　第2ステージでは、文型の転換や結合が目まぐるしく起こるので、まっすぐ走った直後にさっと曲がったり、反転したりと変化の多いコースを走るのに似て、実際に英語を話すときに必要な応用力や反射神経を磨くことができます。

　素材としては英文が文型別に並んでおらず、トランプを切るようにばらばらにシャッフルして配置されたものを使用します。ただ、市販の文型集・例文集はほとんどが文法・文型ごとに文が並んでいます。でも、心配することはありません。本来文型集・例文集としてつくられてはいないものの、シャッフル文例集として使えるものがたくさんあるからです。中学英語テキストのガイドや高校入試用英語長文集がそれです。これらは内容が会話や物語の体裁になっているので同じ文型が連続して並んでいることがなく、自然のシャッフル教材として使えます。瞬間英作文トレーニングではこれらを使い、日本語訳から逆に英文を再生するのです。

　特に高校入試用英語長文集は優れものです。教科書ガイドよりはるかに英文の量が多いうえ、ガイドが3000円前後と値が張るのに対

し非常に廉価です。次々と異なる文型が現れ、文章も長いので非常に力のつく素材です。最初はかなり手強く感じるでしょうが、文型・語彙・表現はすべて中学レベルなので、記憶力に負担がかかるものではありません。

　もちろん個人差はありますが、数冊消化してしまうと、このレベルの英文なら初見でもスラスラ英文が出てくるようになります。ここに至れば第2ステージも完成です。英語を話すために必要な英作文回路があなたのなかにしっかりと設置されています。

第3ステージ

　いよいよ最終段階の第3ステージです。このステージでは第2ステージまではめていた中学文型の枠をはずし、あらゆる文型・表現を習得していきます。とは言っても、中学文型の使いこなしをマスターしたあとでは、かつては難しく感じた構文も実はさしたることはないことを実感できるでしょう。高校以降で習ういわゆる難構文も実は中学文型の結合や、ほんの少しつけたしたものにすぎないからです。

　また、英語の文型というのは無限にあるものではないので、文型の習得はほどなく終わってしまいます。これに対して、語彙・表現というのは数に限りがありません。母語の日本語でさえ、すべての表現を知り尽くすのは不可能です。

　表現の豊かさは、年齢や読書量や教養によって大きく異なります。つまり、第3ステージには終了がないのです。目的や目標レベルに合わせ、どれだけ続けていくかは自己判断に委ねられます。

　第2ステージまでで英作文回路が完成していますから、新しい語彙・表現をストックしていくことは快適な作業です。対象となる表現が盛られている英文を唱えることはいともたやすいからです。多くの人は英語の勉強とは単語や表現を暗記することだと勘違いして、

英作文回路がないのに単語集や表現集の類いに取りかかってしまいます。第1ステージ、第2ステージを飛ばして、いきなり第3ステージから始めてしまうわけです。当然、結果は芳しくないものとなります。例文を口にしようとしても、基本的な英文を自由に操作できる体質がありませんから、ゴリゴリした辛い暗記になってしまいます。苦労していくつかの表現を覚えてもそれを差し込むべき文が素早くつくれないので、せっかく覚えた表現も記憶の倉庫で埃をかぶり、やがて蒸発してしまいます。

　本書で勧めるように、各ステージをしっかり踏んでいけば、このようなループを脱し、無理なく着実に英語を話す力を身につけることができます。第3ステージに足を踏み入れ、しばらくトレーニングを続けた時点で、英語を外国語として十分に使いこなせるようになっているでしょう。第3ステージはいわば収穫のステージです。しかし、豊かな収穫を得るためには、第1ステージでしっかりと土を耕し、種を蒔いておくことが必要です。

　本書はこの第3ステージ用のトレーニング教材です。本書を十分に活用するためには、第2ステージまでのトレーニングが終了し、基本文型で素早く英文を組み立てることのできる英作文回路が備わっていることが前提となります。

＊この項は『どんどん話すための瞬間英作文トレーニング』『スラスラ話すための瞬間英作文シャッフルトレーニング』などの「瞬間英作文」シリーズと共通です。

英語構文について

英語構文学習の必要性

　英語構文とは、ひと言で表すと英文の型(パターン)のことですが、本書で扱う構文は、中学英語で学ぶ基本文型を超えた、高校で学び、大学受験で取り組むレベルのものとなります。

　このような構文は、基本文型と比較して、より複雑・高度で、レトリカル（修辞的）なものとなります。言い換えれば、凝ったものの言い方や高級なものの言い方ということです。

　例えば、基本文型による英文
　　As soon as they arrived at the mountain top, it started to rain.
　「彼らが山頂に着いたとたん雨が降り始めた」
を高校・大学受験レベルの構文で、
　　Hardly had they arrived at the mountain top before it started to rain.
あるいは
　　No sooner had they arrived at the mountain top than it started to rain.
と言い換えることができます。

　同様に、
　　I have never heard such a strange story in my life.
　「私は人生でそのような不思議な話を聞いたことがない」
は、
　　Never in my life have I heard such a strange story.

に、

This book is not interesting. That book is not interesting, either.

「この本は面白くない。あの本も面白くない」

は、

That book is no more interesting than this one is.

と言い換えられます。

　このような構文は英語学習上のひとつの難関で、高校生や受験生たちはその習得に少なからぬ時間と労力を投じることとなります。構文を苦手にする学生たちは、こんなややこしい持って回った言い方をしないで、基本文型で表現してくれればいいのにと思うかもしれません。残念ながら高校英語や大学受験で読まなければならない英文は、小学生の作文レベルではなく、かなり知的レベルの高いものですから、それを正確に理解するためには英語構文に取り組まざるを得ません。

　それでは、学校の勉強や受験には関係ないけれど、英語の必要性はある一般の人にとってこのような構文の必要性はどうでしょうか？

　日常会話で使う文型は、中学英語でほとんどカバーできるとよく言われます。したがって、今後、英語という言語は、飲食店での注文や買い物、海外旅行の際に道順を聞くなどの日常レベルに限って使っていくということなら、高度な構文の習得に時間と労力を割く必要はあまりないかもしれません。

　しかし、英語を使うということは、日常会話に限定されるわけではありません。英語の新聞・雑誌や本を読むということもあるでしょ

う。政治家や文化人の英語によるスピーチを聴くということもあります。ビジネスでかなりフォーマルな会話をすることもあるかもしれません。こうした場面で使われる英語では、高いレベルの英語構文が使用される確率が高まります。ですから、こういったケースで英語を使っていくならば、英語構文を身につける必要がありそうです。

英語構文の効用

英語構文は習得すると非常に見返りの大きいものです。大学受験対策などで、構文はしばしば英文読解の道具として学習されるように、英文の正確な理解に役立ちます。構文習得に取り組んでみれば、日常でのメールのやりとりやブログ程度ならいざ知らず、一定以上の知的レベルを持つ英文では、実にさまざまな構文が使われていることにすぐに気づきます。そして、構文を身につけることは、これらの英文を正確に理解する助けになります。逆に構文をまったく知らなければ、ただ雰囲気と推測で意味をとっているにすぎません。

構文には多くの文法的事項が含まれているので、構文を習得することで英文法力も強化されます。

また、英文の型である構文を習得することで、自分で使える英語の幅・奥行が確実に広がります。

我々が TPO に合った服装をするように、英語を本格的に使うようになり、場面に応じて使う英語を選択しなければならなくなったとき、構文力は大きな力となってくれるでしょう。

喜ばしいことに、適正な手順に従うならば、高校・大学受験レベルの英語構文を習得することは決して難しいことではありません。適正な手順とは、高校英語・大学受験レベルの構文の習得に取りかかる前

に、完全（あるいは相当程度）に基本文型に習熟することです。英語構文が難しく感じられる主要な原因は、基本文型が身についていないことです。高校・大学受験レベルの構文はほとんど基本文型の組み合わせや、それにわずかな付加要素があるにすぎません。

　例えば、英語構文の入門レベルの「目的の so that」を 使って、He is saving money so that he can buy a new car in a few years.（彼は数年後に新車を買えるように、お金を貯めている）、という英文をつくるのにモタつくとしたら、それは so that 構文が難しいからではなく基本文型が身についていないからです。

　so that は中央にポンと置かれているだけで、その前後にあるのは、He is saving money. と He can buy a new car in a few years. という、中学１年程度の英文にすぎないのですから。

　英語を得意としている高校生や大学受験生でも、基本文型による口頭の英作文が自由にできる人は極めて少数というのが現実です。この状態でより複雑な構文を学習すると、どうしても感覚的な理解を伴わない、強引な例文暗記になってしまいます。

　本書で扱うレベルの構文習得のためには、基本文型が身についていることを大前提と考えてください。瞬間英作文のステージ進行で言えば、第１ステージと第２ステージが終了しているということです。この段階で英語構文に取り組むならば、学習・トレーニングは、ほとんど困難を感じることなくスムーズに進み、その習得の恩恵を享受できるでしょう。

本書の構成と使い方

本編は「it 構文」「関係詞」などのように、大きなテーマごとに13章に分かれ、各章はさらに項目に分かれ、構文をパターンごとに練習できます。トレーニングを進めやすいように、各章の冒頭には「シンプル解説」を置き、扱われる構文パターンを例文とともに簡略に説明しています。

トレーニング部分では、ターゲット構文を使って問題の日本語文を英作文します。英作文がしやすいように「語句」をつけています。

続いてモデル英文を確認して、理解・納得します。次に、英文を何度も音読します。英文を口にしながら紙などに書きつけるのも非常に効果的です。最後はテキストから目を離して諳んじられるようにしてください。

何度も繰り返し、日本語を見るとすぐに英文が口をついて出てくるまで練習すれば、英語構文を理解し、使いこなす力が格段に高まるでしょう。

＊それぞれの日本語文に対する英文は唯一のものではなく、可能な英文の一例です。

学習方法

〈シンプル解説〉
について

トレーニングに入る前に〈シンプル解説〉をしっかり読んでください

🐱 1 it 構文〈シンプル解説〉

❶ It is ～ (for X) to … / It is ～ of X to …

It is ～ to … は「…することは～だ」という意味を表します。It は形式主語で、真主語である以下を受けます。

【ex】**It is** important **to** study every day.
　　　（毎日勉強することは重要です）

It is ～ for X to … は「X が…するのは～である」という意味になります。for X の X は to 不定詞の意味上の主語です。

【ex】It is important **for you** to study every day.
　　　（あなたにとって毎日勉強することは重要です）

It is ～ of X to … は「…するとは X は～だ」という意味で、～は X の性質などを表します。

【ex】It is kind **of you** to say so.
　　　（そう言ってくれるとはあなたは優しい）

この文は X is ～ to … の形で言い換えることができます。

【ex】You are kind to say so.

❷ It is ～ that … / It is ～ whether[if] … / It is ～ what … など

It is ～ that … は「…は～だ」という意味になります。It は形式主語で、that 以下を受けます。

【ex】**It is** strange **that** she is so quiet.
　　　（彼女があんなに静かなのは不思議だ）

It is ～ whether[if] … は「…かどうかは～だ」という意味になります。

【ex】**It is** uncertain **whether** they will agree or not.
　　　（彼らが同意するかどうかは不明だ）

It is ～ what … などのように疑問詞節を用いるパターンもあります。

【ex】**It is** not known **what** they saw there.
　　　（彼らがそこで何を見たのかは不明です）
　　　It is not important **who** did it.
　　　（誰がそれをしたのかは重要でない）

❸ It seems[appears] that …

It seems that … は「…のようだ、…らしい、…と思われる」という意味になります。seem の代わりに appear を使ってもほぼ同じ意味です。

【ex】**It seems[appears] that** he is tired.
　　　（彼は疲れているようだ）

「～には…のように思われる」ということを表したいときは to ～ を加えます。

【ex】It seems[appears] **to me** that everything is going well.
　　　（私にはすべて順調だと思われる）

028　　　029

トレーニングの順番に解説してあります

例文は音読するとより効果が出やすくなります

＊トレーニングに入ってからも、必要に応じて読み返しましょう。

瞬間英作文トレーニング について

〈シンプル解説〉で得た知識をもとに瞬間英作文を行いましょう

辻橋文	
1 It is ~ (for X) to … / It is ~ of X to …	▶ 001
1 晴れた日に海岸にいるのはいいものだ。	It is nice to be on the beach on a sunny day.
2 これらの場所をすべて1日で訪ねるのは可能ですか？	Is it possible to visit all of these places in one day?
3 数年で外国語がかなり流ちょうになることは不可能ではない。	It is not impossible to be pretty fluent in a foreign language in a few years.
4 彼に会うことはあなたにとってとても重要だ。	It is very important for you to meet him.
5 我々にとって英語が話せることは必要ですか？	Is it necessary for us to be able to speak English?
6 このホテルに泊まるのはとても快適でしょう。	It will be very comfortable to stay at this hotel.
7 はるばる私に会いに来てくれてありがとう（はるばる私に会いに来てくれるとはあなたは nice だ）。	It is nice of you to come all this way to see me.
8 ドアに鍵をかけ忘れるとは彼は不注意だった。	It was careless of him to forget to lock the door.
9 僕の許可なしに僕の車を使うとは、彼は図々しかった。	It was impudent of him to use my car without (my) permission.
10 そんなことをするとは彼は思慮に欠けていた（思慮深くなかった）。	It was not very thoughtful of him to do such a thing.

語句 ❸かなり：pretty/ 流ちょうな：fluent ❻快適な：comfortable
❼はるばる：all this way ❾図々しい：impudent
❿思慮深い：thoughtful

034   035

「引き金」の日本文に反射的に反応して英文をつくります

日本文に対応した英文です 答え合わせだけで済ませず 必ず数回口に落ち着けます

［英作文➡理解・納得➡音読➡暗唱］の手順で進めます。

音声　日本文→ポーズ→英文

ここで瞬間英作文！

＊トレーニングがある程度進んでから、音声による練習に進んでください。

ダウンロード音声について

【パソコンからのダウンロード】

① パソコンで「ベレ出版」サイト内、『英語構文を使いこなす瞬間英作文トレーニング　マスタークラス』の詳細ページへ。「音声ダウンロード」ボタンをクリック。（URL は https://www.beret.co.jp/book/47223）

② 8ケタのコードを入力してダウンロード。

ダウンロードコード　2iJjTb3f

《注意》スマートフォン、タブレットからのダウンロード方法については、小社では対応しておりません。

＊ダウンロードされた音声は MP 3形式となります。zip ファイルで圧縮された状態となっておりますので、解凍してからお使いください。

＊zip ファイルの解凍方法、iPod 等の MP 3携帯プレイヤーへのファイル転送方法、パソコン、ソフトなどの操作方法については、メーカー等にお問い合わせくださるか、取扱説明書をご参照ください。小社での対応はできかねますこと、ご理解ください。

＊以上のサービスは予告なく終了する場合がございます。

＊音声の権利・利用については、小社サイト内［よくある質問］にてご確認ください。

瞬間英作文
トレーニング

1 it 構文〈シンプル解説〉

❶ It is 〜 (for X) to … / It is 〜 of X to …

It is 〜 to … は「**…することは〜だ**」という意味を表します。It は形式主語で、真主語である to 以下を受けます。

【ex】**It is** important **to** study every day.
（毎日勉強することは重要です）

It is 〜 for X to … は「**X が…するのは〜である**」という意味になります。for X の X は to 不定詞の意味上の主語です。

【ex】It is important **for you** to study every day.
（あなたにとって毎日勉強することは重要です）

It is 〜 of X to … は「**…するとは X は〜だ**」という意味で、〜は X の性質などを表します。

【ex】It is kind **of you** to say so.
（そう言ってくれるとはあなたは優しい）

この文は X is 〜 to …の形で言い換えることができます。

【ex】You are kind to say so.

❷ It is 〜 that … / It is 〜 whether[if] … / It is 〜 what … など

It is 〜 that … は「**…なのは〜だ**」という意味になります。It は形式主語で、that 以下を受けます。

【ex】**It is** strange **that** she is so quiet.
　　（彼女があんなに静かなのは不思議だ）

It is 〜 whether[if] … は「…かどうかは〜だ」という意味になります。

【ex】**It is** uncertain **whether** they will agree or not.
　　（彼らが同意するかどうかは不明だ）

It is 〜 what … などのように疑問詞節を用いるパターンもあります。

【ex】**It is** not known **what** they saw there.
　　（彼らがそこで何を見たのかは不明です）
　　It is not important **who** did it.
　　（誰がそれをしたのかは重要でない）

❸ It seems[appears] that …

It seems that … は「…のようだ、…らしい、…と思われる」
という意味になります。seem の代わりに appear を使ってもほぼ同じ意味です。

【ex】**It seems[appears] that** he is tired.
　　（彼は疲れているようだ）

「〜には…のように思われる」ということを表したいときは to 〜
を加えます。

【ex】It seems[appears] **to me** that everything is going well.
　　（私にはすべて順調だと思われる）

seem[appear] が表している（主節の）「時」と that 節が表している「時」が異なっている場合もあります。

【ex】It **seems[appears]** that everyone **enjoyed** the party.
（皆パーティを楽しんだようだ）＊パーティに行かなかった人が、パーティ出席者から話を聞いたり、パーティの写真や動画を見て判断しているようなケース。seem[appear] は現在形、enjoy は過去形になっている。

❹ It takes X ～ to … / It costs X ～ to …

It takes X ～ to … は「X が…するのに～かかる」という意味です。「～」には時間・期間などを表す語句が入ります。

【ex】**It took** me a month **to** read this book.
（私がこの本を読むのに 1 か月かかった）

It takes ～ for X to … の形も用いられます。

【ex】**It took** a month **for** me **to** read this book.

動作主を特に言わない場合、X は省略されます。

【ex】**It takes** about an hour **to** drive from here to Tokyo.
（ここから東京に車で行くのに約 1 時間かかる）

It costs X ～ to … は「X が…するのに～かかる」という意味で、「～」には費用などを表す語句が入ります。

【ex】**It cost** me two hundred thousand yen **to** have this car repaired.
（[私が] この車を修理してもらうのに20万円かかった）

動作主を特に言わない場合、X は省略されます。

【ex】**It costs** a lot **to** live in this city.
（この都市で暮らすにはお金がたくさんかかる）

❺ It is said[believed など] that …

It is said that … は、主節が受動態で「…だと言われている」
という意味になります。It は形式主語で、that 節を受けます。

【ex】**It is said that** he is one of the most successful
businessmen in the world.
（彼は世界でもっとも成功した実業家のひとりだと言われてい
る）
said の他にも thought、believed、expected、known、
reported などが使われます。

主節と that 節の動詞の時制が異なる場合もあります。

【ex】It **is believed** that dinosaurs **lived** in this area.
（この地域には恐竜が棲んでいたと信じられている）

❻ find it 〜 to …

find it 〜 to … は「…することは〜だとわかる」という意味に
なります。it は形式目的語で、to 以下を受けます。

【ex】I **found it** hard **to** learn this language.
（私はこの言語を学ぶことは難しいとわかった）
find の他にも think、feel、believe などが使われます。

find it 〜 that … は「…は〜だとわかる」という意味になります。it は形式目的語で、that 以下を受けます。

【ex】I **think it** surprising **that** he learned so many languages.
（私は彼が多くの言語を習得したことは驚くべきことだと思います）

find の他にも think、feel、make、keep などが使われます。

強調構文は **It is 〜 that …** の形をとり、強調したい文中の語句を〜に入れます。

【ex】Tom bought the book at the bookstore yesterday.
を強調構文に変えると次のような文になります。

▶It was **this book** that Tom bought at the bookstore yesterday.
（トムが昨日書店で買ったのはこの本です）

▶It was **yesterday** that Tom bought this book at the bookstore.（トムが書店でこの本を買ったのは昨日です）

▶It was **at the bookstore** that Tom bought this book yesterday.（トムが昨日この本を買ったのは書店［において］です）

▶It was **Tom that [who]** bought this book at the bookstore yesterday.（昨日書店でこの本を買ったのはトムです）

強調構文では疑問詞を強調することもできます。例えば：

Was it this book that Tom bought at the bookstore yesterday？（トムが昨日書店で買ったのはこの本ですか？）

という疑問の強調文で、何を買ったのかわからない場合、this book が what に変わり、

Was it **what** that Tom bought at the bookstore yesterday？

となり、疑問詞の what を文頭に上げて、

What was it that Tom bought at the bookstore yesterday？

という文にします。

疑問詞を強調する強調構文は、**疑問詞 is[was] it that …?** の形をとります。

【ex】**When was it that** Tom bought this book at the bookstore?

（トムが書店でこの本を買ったのはいつでしたか？）

Where was it that Tom bought this book yesterday?

（トムが昨日この本を買ったのはどこでしたか？）

Who was it that[who] bought this book at the bookstore yesterday?

（昨日書店でこの本を買ったのは誰でしたか？）

Why was it that Tom bought this book at the bookstore yesterday?

（トムが昨日書店でこの本を買ったのはなぜだったのでしょう？）

How was it that Tom bought this book at the bookstore yesterday?

（トムが昨日書店でこの本を買ったのはどのようにしてでしたか？）

① It is ~（for X）to … /
It is ~ of X to …

1 晴れた日に海岸にいるのはいいものだ。

2 これらの場所をすべて1日で訪ねるのは可能ですか？

3 数年で外国語がかなり流ちょうになることは不可能ではない。

4 彼に会うことはあなたにとってとても重要だ。

5 我々にとって英語が話せることは必要ですか？

6 このホテルに泊まるのはとても快適でしょう。

7 はるばる私に会いに来てくれてありがとう（はるばる私に会いに来てくれるとはあなたは nice だ）。

8 ドアに鍵をかけ忘れるとは彼は不注意だった。

9 僕の許可なしに僕の車を使うとは、彼は図々しかった。

10 そんなことをするとは彼は思慮に欠けていた（思慮深くなかった）。

語句 ❸かなり：pretty/ 流ちょうな：fluent　❻快適な：comfortable
❼はるばる：all this way　❾図々しい：impudent
❿思慮深い：thoughtful

It is nice to be on the beach on a sunny day.

Is it possible to visit all of these places in one day?

It is not impossible to be pretty fluent in a foreign language in a few years.

It is very important for you to meet him.

Is it necessary for us to be able to speak English?

It will be very comfortable to stay at this hotel.

It is nice of you to come all this way to see me.

It was careless of him to forget to lock the door.

It was impudent of him to use my car without (my) permission.

It was not very thoughtful of him to do such a thing.

② It is 〜 that … / It is 〜 whether[if] / It is 〜 what … など

1 その男性がとても金持ちだというのは本当だ。

2 彼がその出来事について何も知らないのは驚きだ。

3 子どもたちがこんなに静かなのは変だ。

4 彼がその試験に受かったのは奇跡だ。

5 彼が来るかどうかは確かではない。

6 その男が生きているかどうかはわかっていない。

7 誰が窓を割ったかは明白だ。

8 彼が何を言ったかは重要ではない。

9 その作家がどこで生まれたかは知られていない。

10 彼がいつ出発するかは、はっきりしていない。

語句 ❷出来事：incident ❺確かな：certain

002

It is true that the man is very rich.

It is surprising that he does not know anything about the incident.

It is strange that the children are so quiet.

It is a miracle that he passed the exam.

It is not certain whether[if] he will come or not.

It is unknown whether[if] the man is alive or not.

It is clear who broke the window.

It is not important what he said.

It is not known where the writer was born.

It is not clear when he will leave.

③ It seems[appears] that …

1 エレンはスポーツが好きなようだ。

2 そのレストランはとても人気があるようだ。

3 何も問題がないと私には思われる。

4 誰にも物事は順調に進んでいると思われた。

5 メアリーはその事実を知っているようではなかった。

6 トムは先週そこへ行ったようだ。

7 昨夜雨が降ったようだ。

8 彼は長い間日本語を学んでいるようではない。

9 彼らは長い間の知り合いであるようだった。

10 彼は彼女に以前に会ったことがあるようには見えなかった。

語句 ❹物事：things/ 順調に進む：go well

003

It seems[appears] that Ellen likes sports.

It seems[appears] that the restaurant is very popular.

It seems[appears] to me that there is no problem.

It seemed[appeared] to everyone that things were going well.

It didn't seem[appear] that Mary knew that fact.

It seems[appears] that Tom went there last week.

It seems[appears] that it rained last night.

It doesn't seem[appear] that he has been learning Japanese for a long time.

It seemed[appeared] that they had known each other for a long time.

It didn't seem[appear] that he had met her before.

4 it 構文
It takes X ～ to … /
It costs X ～ to …

1 私は仕事に行くのに約 1 時間かかります。

2 あなたはここに来るのにどれくらい時間がかかりましたか?

3 これを行う方法を学ぶのに彼は数か月かかるでしょう。

4 外国語を学ぶには多くの時間と労力がかかります。

5 よい弁護士になるには何が必要ですか?

6 あのホテルに泊まるのは 1 泊10万円かかる。

7 私はタクシーでそこに行くのに 3 万円かかりました。

8 盲導犬を育てるには多額の費用がかかります。

9 あなたは車を修理してもらうのにどれくらいの費用がかかりましたか?

10 その冒険をするのに彼はもう少しで命を失うところだった。

語句 ❹時間と労力:time and effort　❽盲導犬:guide dog
❾修理する:repair　❿冒険をする:undertake an adventure

004

It takes me about an hour to get to work. /
It takes about an hour for me to get to work.

How long did it take you to come here? /
How long did it take for you to come here?

It will take him a few months to learn how to do this. /
It will take a few months for him to learn how to do this.

It takes a lot of time and effort to learn a foreign language.

What does it take to become a good lawyer?

It costs 100,000 yen per night to stay at that hotel.

It cost me 30,000 yen to get there by taxi.

It costs a lot of money to train a guide dog.

How much did it cost you to have your car repaired?

It almost cost him his life to undertake that adventure.

5 It is said[believed など] that …

1 彼は世界でもっとも偉大な作家のひとりと言われている。

2 その男性は村に50年住んでいると言われている。

3 日本人は集団志向だとよく言われる。

4 その当時、その病気は治らないと考えられていた。

5 一般的に、犬は飼い主に忠実であると考えられている。

6 かつて地球は平たいと信じられていた。

7 そのプロジェクトは3か月で完遂されるだろうと予想されていた。

8 ここには以前湖があったことが知られている。

9 宇宙はビッグバンで始まったと信じられている。

10 その行方不明の子どもは自宅近くで見つかったと報じられた。

語句 ❸集団志向の：group-oriented　❹不治の：incurable
❺飼い主：owner / 忠実な：loyal　❼完遂する：complete
❾ビッグバン：the Big Ban　❿行方不明の：missing

005

It is said that he is one of the greatest writers in the world.

It is said that the man has lived in the village for fifty years.

It is often said that the Japanese are group-oriented.

In those days, it was thought that the disease was incurable.

It is generally thought that dogs are loyal to their owners.

It was once believed that the earth was flat.

It was expected that the project would be completed in three months.

It is known that there used to be a lake here.

It is believed that the universe began with the Big Bang.

It was reported that the missing child had been found near his house.

6 find it ~ to …

1 私は歴史を勉強することが面白いとわかった。 find を使って

2 あなたはここで働くことが楽しいと思いますか? find を使って

3 彼女は日本語を学ぶことを難しいと感じなかった。 find を使って

4 あなたはこのホテルに泊まることが快適であるとわかるでしょう。
find を使って

5 私は何事においても全力を尽くすことが大切であると思う。
think を使って

6 彼はその問題について考えないことは不可能だと思った。
think を使って

7 彼女は彼に真実を言うことが正しいと信じた。 believe を使って

8 あなたは彼女の気持ちを変えることが可能だと信じたのですか?
believe を使って

9 私はそこに行く必要があると感じている。 feel を使って

10 彼女は彼に会うことが重要だと感じた。 feel を使って

語句 ❺全力を尽くす:do one's best

044

006

I found it interesting to study history.

Do you find it fun to work here?

She didn't find it difficult to learn Japanese.

You will find it comfortable to stay at this hotel.

I think it important to do my best in everything.

He thought it impossible not to think about the problem.

She believed it right to tell him the truth.

Did you believe it possible to change her mind?

I feel it necessary to go there.

She felt it important to meet him.

7 find[think、feel など] it 〜 that …

---

1 彼はその小説が傑作なのは本当だと思った。find を使って

---

2 彼女は子どもたちがそんなに静かなのは不思議だと思った。
find を使って

---

3 彼がすべてについてとても知識があるのは驚くべきことだとみんな
が思った。find を使って

---

4 私は我々がもっと頻繁に会うことが望ましいと思う。think を使って

---

5 あなたは彼らが真実を知っている可能性はあると思いますか？

---

6 メアリーはその考えが気に入らないことをはっきりさせた。
make を使って

---

7 トムは、花瓶を壊したことを秘密にしておいた。keep を使って

---

8 その男は、人々が彼のために一生懸命働くことを当然のことと受け
とっている。

---

9 彼が、そのようなよい教育を受けることができたのは両親のおか
げです。

---

10 彼らは全員がその会議に出席することを重要とは考えていなかっ
た。consider を使って

語句 ❶傑作：masterpiece　❹望ましい：desirable
❽〜を当然と思う：take 〜 for granted　❾よい教育を受ける：obtain
a good education ／ 〜を…のおかげとする：owe 〜 to …
❿出席する：attend

007

He found it true that the novel was a masterpiece.

She found it strange that her children were so quiet.

Everybody found it surprising that he was so knowledgeable about everything.

I think it desirable that we meet more often.

Do you think it possible that they know the truth?

Mary made it clear that she did not like the idea.

Tom kept it secret that he had broken the vase.

The man takes it for granted that people work hard for him.

He owes it to his parents that he could obtain such a good education.

They did not consider it important that everybody attended the meeting.

8 強調構文

1 メアリーが昨日買ったのはこのドレスです。

2 私が、彼らが一緒に歩いているのを見たのは昨日です。

3 あなたが素敵なバッグを買ったのはこの店ですか？

4 そこにエミリーと一緒に行ったのはあなたですか？

5 私が訪ねるときトムが決して在宅してないのはなぜなのだ？

6 あの騒音を出しているのは何だろう？

7 あなた方があのレストランで食事したのはいつでしたか？

8 彼女が会いたがっているのは誰ですか？

9 いったいどこであなたの時計は見つけられたのですか？

10 いったいどうやってその泥棒はその家に侵入したのですか？

語句 ⑩泥棒：thief/（不法に）〜に侵入する：break into 〜

008

It was this dress that Mary bought yesterday.

It was yesterday that I saw them walking together.

Was it at this store that you bought the nice bag?

Was it you who[that] went there with Emily?

Why is it that Tom is never at home when I visit him?

What is it that makes that noise?

When was it that you had dinner at that restaurant?

Who(m) is it that she wants to meet?

Where was it that your watch was found?

How was it that the thief broke into the house?

2 関係詞〈シンプル解説〉

❶ 関係詞の継続用法（非制限用法）

継続用法（非制限用法）では、関係詞の前に「,」（コンマ）を置きます。先行詞を限定修飾する限定用法（制限用法）とは異なり、先行詞について補足的に説明をします。

【ex】He has two sons, and they live abroad.
（彼には2人の息子がいて、彼ら［= その息子たち］は外国に住んでいる）
を関係代名詞の継続用法で書き換えると、
He has two sons, **who live** abroad.
（彼には2人の息子がいるが、彼ら［＝その息子たち］は外国に住んでいる）
となり、彼には息子が2人しかいないことは明らかです。

一方、限定用法の
He has two sons **who live** abroad.
（彼には外国に住んでいる息子が2人いる）
では、国内に住んでいる3人目以降の息子がいる可能性があります。

関係代名詞 what と that には継続用法はありません。

関係代名詞 which は名詞の他、前文の一部や全体を先行詞にできます。

【ex】Some people thought that he was dead, **which** was not true.

（彼が死んだと思った人もいたが、それは本当ではなかった）

＊前文の一部が先行詞

He proposed to her, **which** she did not expect.

（彼は彼女にプロポーズしたが、彼女はそれを予期していなかった）＊前文全体が先行詞

継続用法のある関係副詞は where と when です。

【ex】 She went to Paris, **where** she studied art.

（彼女はパリに行き、そこで芸術を勉強した）

I visited him yesterday afternoon, **when** he was out.

（私は昨日の午後彼を訪ねたが、そのとき彼は外出していた）

❷ 継続用法（非制限用法）： some of whom[which] など

She has many friends, and some of them are foreigners.

（彼女には友人がたくさんいるが、何人かは外国人だ）

を関係代名詞の継続用法で書き換えると、

She has many friends, **some of whom** are foreigners.

となります。

some 以外にも both、one、all、most、either、neither、none など多くの語が使われます。

人以外のものについては which を用います。

【ex】 She speaks many languages, **one of which** is Japanese.

（彼女は多くの言語を話すが、そのひとつが日本語だ）

He has two sons, **both of whom** live abroad.

（彼には 2 人の息子がいて、どちらも海外に住んでいる）

I watched five movies last month, **all of which** were
interesting.
（私は先月 5 本の映画を観たが、皆面白かった）

❸ 複合関係詞

複合関係代名詞には **whatever**、**whoever**、**whichever** が
あり、名詞節を導く働きと、譲歩の意味を表す副詞節を導く働き
があります。

名詞節の意味は、
　whatever「〜するものは何でも」、whoever「〜する人は誰で
　も」、whichever「〜するのはどちらでも」
副詞節の意味は、
　whatever「〜が何をしようと」、whoever「誰が〜しよう
　と」、whichever「どちらを〜しても」
となります。

【ex】名詞節：
　　Whatever he did was welcomed.
　　（彼がしたことは何でも皆に歓迎された）
　　We can invite **whoever**[**whomever**] we like.
　　（私たちは好きな人を誰でも招待できます）
　　You can have **whichever** you like.
　　（どちらでも好きなほうを持っていっていいですよ）

　　副詞節：
　　Whatever he did, it was welcomed.
　　（彼が何をしようと、それは歓迎された）

Whoever askes you about this, you must not answer.

（誰がこのことについて聞いても答えてはいけない）

Whichever you buy, you will be pleased with it.

（どちらを買ってもあなたは満足するでしょう）

複合関係副詞には **whenever**、**wherever**、**however** があり、副詞節を導きます。

副詞節の意味は、

　whenever「〜するときはいつでも、いつ〜しようと」

　wherever「〜するところではどこでも、どこで〜しようと」

　however「どのような方法で〜しても」、あるいはあとに形容詞、副詞を続けて「どんなに〜しようと」

となります。

【ex】 **Whenever** she goes out, she buys something expensive.

（彼女は外出するといつでも高価な物を買う）

Wherever he went, his little brother followed him.

（彼がどこに行こうと、彼の弟は彼についていった）

However you go there, it will take you at least two hours.

（どのような方法でそこに行こうと、最低2時間はかかるだろう）

However hard you study, you can't learn a foreign language in a year.

（どんなに懸命に勉強しても1年で外国語を習得することはできない）

❹ 関係副詞 where、when、why、how の 先行詞を使わない用法

関係副詞 **where**、**when**、**why**、**how** は先行詞なしで、それ
ぞれ **「S が V する場所」「S が V する時」「S が V する理由」「S
が V する方法」** という意味の関係詞節を導きます。

【ex】 This is **where** I found this.
　　　（ここが、私がこれを見つけたところです）
　　　That was **when** I came up with the idea.
　　　（それが、私がその考えを思いついたときでした）
　　　This is **why** he wants to go to America.
　　　（これが、彼がアメリカに行きたい理由です）
　　　That was **how** he learned Japanese.
　　　（それが、彼が日本語を習得した方法でした）

❺ what S be / owe what S be to ～ / A is to B what C is to D.

what S be（＝S がそうであるところのもの）は **「S の状況」**
「S の姿」 といった意味になります。

【ex】 She is not **what she was** a few years ago.
　　　（［現在の］彼女は数年前の彼女ではない）
　　　My father made me **what I am**.
　　　（現在の私があるのは父のおかげです）＊直訳すれば、「父が私
　　　を、現在私がそうであるところのものにした」となる。

owe what S be to ～ は **「現在の S の状況があるのは～のお
かげである」** という意味になります。

owe は「金を借りている、支払い義務がある」「恩恵などを被っている」という意味の動詞です。

【ex】I **owe** ¥10,000 **to** you.
（私はあなたに 1 万円借りている）
の ¥10,000 を my success に置き換えれば、
I **owe** my success **to** you.
（私が成功したのはあなたのおかげです。＝私は私の成功をあなたに負っている）
となります。

my success を what I am に置き換えると、
I **owe** what I am **to** you.
（現在の私があるのはあなたのおかげです）
となります。

A is to B what C is to D. は「**A の B に対する関係は、C の D に対する関係と同じだ**」という意味になります。

【ex】Air is to us what water is to fish.
（空気と我々の関係は水と魚の関係と同じだ）
は、Air is what water is to fish to us. が元の語順で、She is everything to me.（僕にとって彼女がすべてなのです）と同じ構造です。

主語	動詞	補語	副詞句
She	**is**	**everything**	**to me.**
Air	**is**	**what water is to fish**	**to us.**

everything も what S be が使われた関係代名詞節 what water is to fish（＝魚にとって水がそうであるところのもの）も、補語となっています。

❻ 関係形容詞

関係形容詞の **what** は「〜するだけの…、〜するすべての…」という意味を表し「**what ＋名詞**」の形で使われます。「**少ないながらもすべての〜**」と強調する際には、しばしば「what **little[few]** ＋名詞」の形をとります。

【ex】 Show them **what ability** you have.
（彼らに持てる能力すべてを示しなさい）
She gave him **what little money** she had.
（彼女はなけなしの金を彼に与えた）

❼ 関係代名詞 what を使った表現

関係代名詞 what を使った慣用表現には次のようなものがあります。

what is called「いわゆる」
what you[we, they] call「いわゆる」
what is more「おまけに、そのうえ」
what is better「さらによいことに」
what is worse「さらに悪いことに」
what with A and (what with) B「AやらBやらで」
what not「何やかや、その他いろいろ」

【ex】He was **what is called** a child prodigy.

（彼はいわゆる神童だった）

The food at the restaurant is delicious, and **what is more**, the atmosphere is very good.

（そのレストランの食事はおいしく、おまけに雰囲気がとてもよい）

What with overwork and（what with）stress, he ruined his health.

（過労やらストレスやらで、彼は健康を損ねた）

At the store, we bought meat, vegetables and **what not**.

（その店で私たちは肉や野菜やその他いろいろ買った）

---

❽ the same 〜 as[that]… / such 〜 as … / as is often the case with 〜

the same 〜 as[that] … は「…と同じ〜」という意味です。as は that と置き換えられます（同種のものについて言うときは as、まったく同一のものについて言うときは that を使うと説明されることがありますが、この使い分けは厳密に守られてはいません）。

such 〜 as … は「…ような〜」という意味です。

【ex】Use **such** expressions **as** everyone can understand.

（皆が理解できるような表現を使いなさい）

as is often the case with 〜 は「〜にはよくあることだが」という意味です。節全体を先行詞にし、文頭、文中、文尾のどこにでも置くことができます。

【ex】**As is often the case with** him, he forgot to lock the door.

（彼にはよくあることだが、彼はドアに鍵をかけるのを忘れた）

❾ but / than

but は否定の意味を持つ語句を先行詞にとって関係代名詞として用いられ、**that … not** の意味を表します。

【ex】There was **no one but** admired her.

（彼女を賛美しない者はいなかった）

than は比較級の語句とともに使われ、「…以上の〜」という意味を表します。

【ex】He got **more** money **than** was needed.

（彼は必要以上のお金を得た）

❶ 関係詞の継続用法（非制限用法）

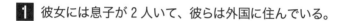

1 彼女には息子が2人いて、彼らは外国に住んでいる。

2 その作家の本はとても人気があるが、彼はニューヨークに住んでいる。

3 彼らの娘はフランス人と結婚したが、彼女はパリで音楽を勉強しているときに彼と出会った。

4 今朝私は公園で散歩をしたが、そこでたまたま旧友に会った。

5 7時にもう1回来てください。そのころには彼は帰宅していますから。

6 その年彼は1冊の本を出版したが、その本はとてもよく売れた。

7 道はひどく混んでいたが、我々はそのことを予想していなかった。

8 その少年は映画スターになると友人たちに言ったが、それは実現した。

語句 ❻出版する：publish / よく売れる：sell well
❽映画スター：movie star/ 実現する：come true

009

She has two sons, who live abroad.

The writer, whose books are very popular, lives in New York.

Their daughter married a French man, whom she met while she was studying music in Paris.

This morning I took a walk in the park, where I happened to meet an old friend.

Please come again at seven, when he will be home.

That year he published a book, which sold very well.

The traffic was very heavy, which we did not expect.

The boy told his friends that he would become a movie star, which came true.

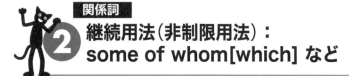

② 継続用法（非制限用法）：some of whom[which] など

1 彼らには2人の娘がいて、どちらも医者になった。

---

2 彼は10冊の本を書き、そのうちの1冊は英語に翻訳された。

---

3 彼女はたくさんのドーナツをつくり、そのうちのいくつかを私にくれた。

---

4 私には外国人の友達が何人かいるが、みんな日本語が上手だ。

---

5 昨日、私は本を購入したが、もうほとんど読んでしまった。

---

6 彼は私に2枚の写真を見せてくれたが、どちらも私は以前に見たことがなかった。

---

7 彼はかつてたくさんのお金を稼いだが、今はまったく残っていない。

---

8 私は2台の車を持っているが、どちらかを売らなければならない。

語句 ❷翻訳する：translate　❸ドーナツ：donut

010

They have two daughters, both of whom became doctors.

He wrote ten books, one of which was translated into English.

She made many donuts, some of which she gave me.

I have some foreign friends, all of whom speak Japanese well.

Yesterday I bought a book, most of which I have already read.

He showed me two pictures, neither of which I had seen before.

He once earned a lot of money, none of which is left now.

I have two cars, either of which I have to sell.

3 複合関係詞

1 彼は父親の言うことなら何でも信じる。

2 あなたが何と言おうと私はそこに行きます。

3 私は誰でも欲しい人にこの本をあげます。

4 最初に全問を解いた人が勝者になります。

5 誰が来てもドアを開けてはいけません。

6 どれでも好きなのを選んでいいよ。

7 どちらを買ってもあなたはがっかりすることはないでしょう。

8 彼はどこに住もうとそこでの生活を楽しめるでしょう。

9 君の行きたいところ、どこにでも連れて行くよ。

10 彼女はその写真を見るといつでも幸福な子ども時代を思い出した。

11 どんなに疲れていようとも彼は毎日ジムに行く。

12 あなたがそれをどのようにやっても結果は同じでしょう。

語句 ❹勝者：winner　❼がっかりさせる：disappoint
❿子ども時代：childhood

011

He believes whatever his father says.

Whatever you say, I will go there.

I will give this book to whoever wants it.

Whoever solves all the problems first will be the winner.

Whoever comes, you must not open the door.

You can choose whichever you want.

Whichever you buy, you won't be disappointed.

Wherever he lives, he will be able to enjoy life there.

I will take you wherever you want to go.

Whenever she looked at the picture, she remembered her happy childhood.

However tired he is, he goes to the gym every day.

However you do it, the result will be the same.

4 関係副詞 where、when、why、howの 先行詞を使わない用法

1 ここが、私がたいてい昼食を食べるところです。

2 彼らは水の浅いところで子どもたちを泳がせてやった。

3 意志あるところに道あり。（ことわざ）

4 これを元あった場所に戻しなさい。

5 それが、あなたが初めて彼に会ったときだったのですか？

6 晩秋は多くの旅行者がその都市を訪れるときだ。

7 こういうわけで彼らは日本に何年も住んでいるのです。

8 そういうふうに彼らは知り合った。

語句 ❷浅い：shallow　❽〜と知り合う：get to know 〜

012

This is where I usually have lunch.

They let the children swim where the water was shallow.

Where there is a will, there is a way.

Put this back where it was.

Was that when you met him for the first time?

Late autumn is when many tourists visit the city.

This is why they have lived in Japan for so many years.

That is how they got to know each other.

戻しなさい！

5 what S be / owe what S be to ～ / A is to B what C is to D.

---

1 彼はかつての彼ではない（彼は変わった）。

---

2 今の私があるのは両親のおかげです。 make を使って

---

3 私は私。

---

4 今の私があるのはあなたのおかげです。 owe を使って

---

5 私たちが今日あるのはあなた方のご協力のおかげです。
owe を使って

---

6 空気と我々（人間）の関係は水と魚の関係と同じだ。

---

7 読書と頭の関係は食べ物と体の関係と同じだ。

---

8 人間にとってほほえみとは、花にとっての日の光と同じである。

語句 ❽人間、人類：humanity

013

He is not what he once was.

My parents made me what I am.

I am what I am.

I owe what I am to you.

We owe what we are today to your cooperation.

Air is to us[humans] what water is to fish.

Reading is to the mind what food is to the body.

What sunshine is to flowers, smiles are to humanity.

6 関係形容詞

1 彼女は上司に持てる能力をすべて示そうとした。

2 彼は運べるだけの本を持ってきた。

3 私はなけなしの金をその男に与えた。

4 彼らは手に入る限りの金を蓄えた。

5 できる限りの手伝いをするよ。

6 私は（少ないながらも）そのテーマに関して自分の持っている本をすべて彼に貸した。

7 私の数少ない友人たちはみんな素晴らしい人たちだ。

語句 ❻そのテーマに関して：on the subject

She tried to show her boss what ability she had.

He brought what books he could carry.

I gave the man what (little) money I had.

They saved what (little) money they got.

I will give you what (little) help I can.

I lent him what (few) books I had on the subject.

What (few) friends I have are wonderful people.

関係詞

7 関係代名詞whatを使った表現

1 私たちの先生はいわゆる人格者だ。

2 彼はいわゆる生き字引だ。

3 私はいわゆるグローバリゼーションがよいものとは思わない。

4 彼女はいわゆる本の虫だった。

5 この家は大きいし、おまけにそれほど高くない。

6 この仕事はそんなに大変でないし、さらにいいことに、給料がよい。

7 私たちは道に迷ってしまい、さらに悪いことに雨が降り始めた。

8 あれやこれやで彼女はゆっくりする時間がまったくなかった。

9 雨やら交通渋滞やらで、私たちは遅く到着した。

10 私たちはコンビニで菓子やソフトドリンクや何やらを買った。

語句 ❶人格者：man of character ❷生き字引：walking dictionary
❹本の虫：bookworm ❻給料：pay ❾交通渋滞：traffic jam
❿菓子：snack

015

Our teacher is what is called a man of character.

He is what is called a walking dictionary.

I don't believe in what they call globalization.

She was what you call a bookworm.

This house is large, and what's more, not so expensive.

This job is not so hard, and what's better, the pay is good.

We got lost, and what was worse, it began to rain.

What with this and (what with) that, she had no time to relax.

What with the rain and (what with) the traffic jam, we arrived late.

At the convenience store, we bought snacks, soft drinks and what not.

マンガ

⑧ the same ~ as[that] … / such ~ as … / as is often the case with ~

1 私は彼が着ているのと同じジャケットを買いたい。

2 彼は昨日着ていたのと同じジャケットを着ている。

3 私の誕生日に、妻は私が前の月になくしたのと同じ時計をくれた。

4 バンコクで私たちは去年泊まったのと同じホテルに泊まる予定です。

5 私は私の人生を豊かにしてくれるような趣味を持ちたい。

6 その本は万人に理解され得るような簡単な英語で書かれている。

7 彼女にはよくあることだが、遅れて来た。

8 彼にはよくあることだが、彼は日を間違えた。

語句 ❺豊かにする：enrich　❽日を間違える：get the dates mixed up

016

I would like to buy the same jacket as[that] he is wearing.

He is wearing the same jacket as[that] he was wearing yesterday.

For my birthday, my wife gave me the same watch as[that] I had lost a month before.

In Bangkok we are going to stay at the same hotel as[that] we did last year.

I would like to have such a hobby as will enrich my life.

The book is written in such easy English as can be understood by everyone.

As is often the case with her, she came late.

He got the dates mixed up, as is often the case with him.

関係詞

9 but / than

1 その事実を知らない者はいない。

2 例外のない規則はない。

3 我々のなかで彼の功績に畏敬の念を抱かない者はいない。

4 自分の子どもを愛さない母親はいない。

5 欠点のない人はひとりもいない。

6 必要以上の食べ物があった。

7 子どもに（彼らにとって）必要以上の金を与えるべきではない。

8 手続きは予想されたより時間がかかった。

語句 ❸功績：exploits ／ 〜に畏敬の念を抱く：be awed by 〜　❺欠点：fault
❽手続き：procedure

There is no one but knows the fact.

There is no rule but has exceptions.

There are none of us but are awed by his exploits.

There is no mother but loves her own child.

There is nobody but has their faults.

There was more food than was needed.

You should not give your children more money than is necessary for them.

The procedure took more time than was expected.

3 助動詞〈シンプル解説〉

❶ had better / ought to / would rather

had better ～ は「**～したほうがよい**」という意味を表します。1人称のI、we以外で使うときは、忠告・命令・脅しの意味を持つので安易に使わないように注意が必要です。**否定形は had better not ～** です。

【ex】 We **had better** go now.
（我々はもう行ったほうがいい）
You **had better** study harder if you don't want to fail the exam.
（試験に落ちたくなかったら君はもっと懸命に勉強したほうがよい）
I **had better not** drink too much.
（私は飲みすぎないほうがよい）

ought to ～ は「**～するべきだ**」という義務と、「**～のはずだ**」という推量の意味を表します。

【ex】 We **ought to** be kind to others.
（私たちは他人に親切にするべきだ）
The children **ought to** be hungry.
（子どもたちはおなかが減っているはずだ）

否定形は to の前に not を置き **ought not to ～** の形になり、「**～するべきではない**」という意味を表します。

【ex】 You **ought not to** do such a thing.
（あなたはそのようなことをするべきではない）

would rather 〜 は「むしろ〜したい」という意味になります。否定形は would rather not 〜 となります。

【ex】I **would rather** stay here.
（私はむしろここにとどまりたい）
I **would rather not** talk about it.
（私はむしろそのことについては話したくない）

would rather 〜 than … は「…するよりもむしろ〜したい」という意味になります。

【ex】I **would rather** walk there **than** take the bus.
（私はバスに乗るよりむしろそこに歩いて行きたい）

❷ 助動詞 + have + 過去分詞

「助動詞 + have + 過去分詞」は、現在から見た過去についての推量や、後悔の気持ちを表します。

【ex】He **may[might] have been** sick then.
（彼はそのとき病気だったのかもしれない）
They **must have lost** their way.
（彼らは道に迷ったに違いない）
He **cannot[couldn't] have done** such a thing.
（彼がそんなことをしたはずがない）
You **should have called** her yesterday.
（あなたは昨日彼女に電話すべきだったのに［しなかった］）
We **needn't have bought** this.
（私たちはこれを買う必要はなかったのに［買ってしまった］）
You **ought to have studied** harder.
（君はもっと懸命に勉強するべきだったのに［しなかった］）

**❸ may[might] as well 〜 /
might as well 〜 as … / may well 〜**

may[might] as well 〜 は「**〜したほうがよい**」という意味
を表します。had better のような強い意味合いはありません。

【ex】 You **may[might] as well** meet him.
（あなたは彼と会ったほうがよい）
The weather is so good. We **may[might] as well** go out.
（天気がとてもいい。外出するのがいい）

might[may] as well 〜 as … は、しばしば、あり得ないこと
を引き合いに出して、「**…するくらいなら〜したほうがましだ、
…するのは〜するようなものだ**」という意味を表すのに使われま
す。

【ex】 You **might[may] as well** throw your money into the sea
as lend it to him.
（彼にお金を貸すくらいなら海に捨てたほうがましだ）

may well 〜 は「**〜するのももっともだ**」あるいは「**たぶん〜
だろう**」という意味になります。

【ex】 He **may well** be angry.
（彼が怒るのももっともだ）
The news **may well** be true.
（その知らせはたぶん本当だろう）

1 had better / ought to / would rather

1 私はもう行かなきゃ。

2 その列車に乗るために我々は急いだほうがいい。

3 健康を害したくないなら、あなたはそんなに飲まないほうがよい。

4 すぐに町から出て行ったほうがよい（出て行かないとただでは済まない）。

5 あなたはもっと注意するべきだ。

6 トムはもう家にいるはずだ。

7 そのような行動は許されるべきではない。

8 私はどちらかというと家にいたい。

9 わたしはどちらかというとそのパーティに行きたくない。

10 僕は映画に行くより釣りに行きたい。

語句 ❸健康を害する：ruin one's health ❼行動：behavior

018

I had better go now.

We had better hurry up to catch the train.

You had better not drink so much if you don't want to ruin your health.

You had better get out of town at once.

You ought to be more careful.

Tom ought to be home by now.

Such behavior ought not to be allowed.

I would rather stay at home.

I would rather not go to the party.

I would rather go fishing than go to the movies.

まだいいだろ〜

2 助動詞 + have + 過去分詞

1 私はこの映画を以前に観たかもしれない。

2 彼はその知らせを聞かなかったのかもしれない。

3 トムは寝坊したに違いない。

4 彼女がそんなことを言ったはずがない。

5 あなたはそれを彼らに前もって説明するべきだった。

6 私たちは彼にその計画について話すべきではなかった。

7 あなたはそんなに早く起きる必要はなかったのに。

8 もっと早くこの措置がとられるべきだった。

9 この事実は公表されるべきではなかった。

10 私は彼の忠告に従うべきではなかったのだろうか？

語句 ❸寝坊する：oversleep　❽措置：measure
　　　❾〜を公表する：make 〜 public

019

I may[might] have seen this movie before.

He may[might] not have heard the news.

Tom must have overslept.

She cannot[couldn't] have said such a thing.

You should have explained it to them beforehand.

We shouldn't have told him about the plan.

You needn't have gotten[got] up so early.

This measure ought to have been taken earlier.

This fact ought not to have been made public.

Ought I not to have followed his advice?

助動詞

③ may[might] as well ～ /
might as well ～ as … / may well ～

---

1 あなたは彼女と一緒に行ったほうがよい。

---

2 私たちは列車に乗る代わりに車でそこに行ったほうがよい。

---

3 かなりの雨が降っているから試合は中止されるほうがよい。

---

4 熱があるならあなたは出かけないほうがよい。

---

5 そんなことにお金を使うよりは捨てたほうがよい。

---

6 （私は）彼と話すよりは石垣と話すほうがましだ。

---

7 彼女が子どもたちを誇りに思うのはもっともだ。

---

8 あなたがそう言うのももっともです。

---

9 交通渋滞は、今ごろは終わっているだろう。

---

10 彼が言うことはおそらく本当だろう。

語句 ❹熱がある：have a temperature　❻石垣：stone wall
❾交通渋滞：traffic jam

020

You may[might] as well go with her.

We may[might] as well go there by car instead of taking the train.

The game may[might] as well be cancelled because it is raining quite heavily.

You may[might] as well not go out if you have a temperature.

You might[may] as well throw away money as spend it on something like that.

I might[may] as well talk to a stone wall as talk to him.

She may well be proud of her children.

You may well say so.

The traffic jam may well be over by now.

What he says may well be true.

4 不定詞〈シンプル解説〉

❶ seem[appear] to 〜

seem[appear] to 〜 は **「〜するようだ、〜すると思われる」** という意味です。

【ex】 She **seems[appears] to** be very tired.

（彼女はとても疲れているようだ）

There **seem[appear] to** be many people in the room.

（その部屋には多くの人がいるようだ）

❷ be said to 〜

受動態を使った **be said to 〜** は **「〜だと言われている」** という意味になります。同じ用法で、他に be believed to 〜、be thought to 〜、be supposed to 〜、be expected to 〜、などが使われます。

【ex】 This **is said to** be one of the best movies.

（これは最高の映画のひとつと言われている）

The treatment **is believed to** be safe.

（その治療は安全であると信じられている）

❸ 完了不定詞

「**to have ＋ 過去分詞**」の形で、文の述語動詞が表す「時」より前の「時」を表すことができます。

【ex】He seems **to have drunk** too much last night.

(彼は昨夜飲みすぎたようだ)

The castle is said **to have been built** hundreds of years ago.

(その城は数百年前に建てられたと言われている)

---

❹ 知覚動詞と使役動詞の原形不定詞とその受動態

「知覚動詞 ＋ O（目的語）＋ 原形不定詞」で、「O が〜するのを見る［聞くなど］」という意味になります。この用法をする知覚動詞には see、hear、listen to、watch、feel、notice などがあります。

【ex】I **saw** him **get** into a taxi.

(私は彼がタクシーに乗るのを見た)

She **heard** the phone **ring**.

(彼女は電話が鳴るのを聞いた)

「使役動詞 ＋ O（目的語）＋ 原形不定詞」で、「O に〜させる」という意味になります。この用法をする使役動詞には make、have、let などがあります。make は強制感を持ちます。have は make より強制感が弱まり、よく「〜してもらう」と訳されます。let は「したいことをさせてやる」という意味合いになります。

【ex】He **made** me **wash** his car.

(彼は私に車を洗わせた)

She **had** her secretary **type** the letter.

(彼女は秘書に手紙をタイプしてもらった)

My brother sometimes **lets** me **drive** his car.
（私の兄はときどき私に彼の車を運転させてくれる）

「知覚動詞・使役動詞 ＋ O（目的語）＋ 原形不定詞」を受動態にすると、原形不定詞は to 不定詞に変わります。

【ex】She was **seen to go** into the building by many people.
　　　（彼女はその建物に入るのを多くの人に見られた）
　　　Tom was **heard to sing** the song by her.
　　　（トムはその歌を歌うのを彼女に聞かれた）
　　　I was **made to do** the job by him.
　　　（私は彼にその仕事をさせられた）

❺ be to 〜 / 独立不定詞

be to 〜 は予定、義務、意図、可能、運命などを表します。

【ex】The conference **is to** take place in Paris.
　　　（その会議はパリで行われる予定です）＊予定
　　　We **are to** finish this work by the end of the month.
　　　（我々はこの仕事を月末までに終わらせなければならない）
　　　＊義務
　　　If you **are to** succeed, you have to work harder.
　　　（もし成功するつもりなら、あなたはもっと懸命に働かなければならない）＊意図
　　　Not a sound **was to** be heard.
　　　（物音ひとつ聞こえなかった［ひとつの音も聞かれることができなかった]）＊可能
　　　He **was never to** return to his hometown.
　　　（彼は二度と故郷に帰らぬ運命だった）＊運命

不定詞が独立して文全体を修飾するものを**独立不定詞**と言い、次のような慣用表現として使われます。

to tell (you) the truth「実を言うと」、**to be frank with you**「率直に言えば」、**to begin with**「まず第一に」、**to be sure**「確かに」、**needless to say**「言うまでもなく」

【ex】**To tell (you) the truth**, I am a little nervous.

(実を言うと、私は少し緊張しています)

Needless to say, he is a wonderful writer.

(言うまでもなく、彼は素晴らしい作家だ)

❻ have something[nothing など] to do with ～

have something to do with ～ は**「～と何らかの関係がある」**という意味になります。something を **nothing**、**little**、**a little**、**a lot** などと変えて、関係のさまざまな程度を表すことができます。

【ex】He has **nothing** to do with them.

(彼は彼らと何の関係もない)

He has **little** to do with them.

(彼は彼らとほとんど関係がない)

He has **a little** to do with them.

(彼は彼らと少し関係がある)

He has **a lot** to do with them.

(彼は彼らとおおいに関係がある)

something などを入れずに **have to do with ～** だけでも、
「～と関係がある」という意味になります。

【ex】She **has to do with** the matter.
　　　（彼女はその件にかかわりがある）

**❼ in order to ～ / so as to ～ /
　　so ～ as to … / ～ enough to …**

in order to ～ と **so as to ～** は「～するために」という目的
の意味を表します。 to の前に not を置くと「～しないように」
という意味になります。

【ex】He ran every morning **in order to** lose some weight.
　　　（彼は体重を少し落とすために毎朝走った）
　　　She set the alarm clock **in order not to** oversleep.
　　　（彼女は寝過ごさないように目覚まし時計をセットした）
　　　He read the sentence aloud many times **so as to**
　　　memorize it.
　　　（彼は暗記するためにその文を何度も音読した）
　　　We got up early **so as not to** miss the train.
　　　（電車に乗り遅れないように私たちは早起きした）

so ～ as to … は「とても～なので…する」「…するほど～だ」
という意味になります。

【ex】He is **so** well known **as to** need no introduction.
　　　（彼は紹介の必要がないほどよく知られている）
　　　My son is not **so** stupid **as to** do such a thing.
　　　（私の息子はそんなことをするほど愚かではない）

〜 enough to …（…するのに十分〜だ）は**「〜にも…する」**
「…するほど〜だ」という意味でよく使われます。

【ex】 She was kind **enough to** help me.
（彼女は親切にも私を手伝ってくれた）
I'm not smart **enough to** understand the theory.
（私はその理論を理解するほど頭がよくない）

1 seem[appear] to ～

1 彼女は彼が好きなようだ。

2 彼らはみんなその事実を知っているようだった。

3 彼女はその申し出に満足しているようには見えなかった。

4 このプランにはひとつ問題があるように思われる。

5 彼の報告書には多くの間違いがあるようだ。

6 招待客はみんなパーティを楽しんでいるようだった。

7 その男性は酔っているようには見えなかった。

8 彼らはお互いを知っているようでしたか？

9 あの人たちはとても裕福に見える。

10 彼女はみんなに尊敬されているようだ。

語句 ❺報告書：report　❼酔っている：drunk　❾裕福な：wealthy

She seems[appears] to like him.

They all seemed[appeared] to know the fact.

She didn't seem[appear] to be satisfied with the offer.

There seems[appears] to be a problem with this plan.

There seem[appear] to be many mistakes in his report.

All the guests seemed[appeared] to be enjoying the party.

The man did not seem[appear] to be drunk.

Did they seem[appear] to know each other?

Those people seem[appear] to be very wealthy.

She seems[appears] to be respected by everyone.

お金は？

不定詞

2 be said to ～

1 彼は世界でもっとも偉大な作家のひとりだと言われている。

2 光より速く移動するものはないと言われている。

3 世界には何千もの言語があると言われている。

4 かつて地球は平らだと信じられていた。

5 その男は超能力を持っていると信じられていた。

6 その治療法は安全だと考えられている。

7 彼は非常に優秀なビジネスマンであると考えられていた。

8 彼は正午に来ることになっている。

9 僕はどうすればいいんだ？

10 彼は父親の仕事を継ぐものと予想されている。

語句 ❷移動する：travel ❹平らな：flat ❺超能力：supernatural power
❻治療法：treatment ❿継ぐ：take over

He is said to be one of the world's greatest writers.

Nothing is said to travel faster than light.

There are said to be thousands of languages in the world.

The earth was once believed to be flat.

The man was believed to have supernatural power.

The treatment is thought to be safe.

He was thought to be a very good businessman.

He is supposed to come at noon.

What am I supposed to do?

He is expected to take over his father's business.

③ 完了不定詞

1 彼はひと晩中起きていたようだ。

2 メアリーは昨日病気だったようだ。

3 昨夜雨が降ったようだ。

4 この部屋はすでに誰かに掃除されたようだ。

5 彼らがここに長い間住んでいるとは思われない。

6 それらの車はちゃんと洗われたようには見えなかった。

7 彼の死は事故だったと考えられている。

8 その指輪は誰かに盗まれたと考えられていた。

9 その行方不明の子どもは見つけられたと報じられた。

10 その動物が、その時代この地域に生息していたとは考えられていませんでした。

語句 ❶ひと晩中起きている：stay up all night ❽指輪：ring
❾行方不明の：missing ❿生息する：inhabit

023

He seems[appears] to have stayed up all night.

Mary seems[appears] to have been sick yesterday.

It seems[appears] to have rained last night.

This room seems[appears] to have already been cleaned by someone.

They don't seem[appear] to have lived here for a long time.

Those cars didn't seem to have been washed properly.

His death is thought to have been an accident.

The ring was thought to have been stolen by someone.

The missing child was reported to have been found.

The animal was not thought to have inhabited this area at that time.

4 知覚動詞と使役動詞の原形不定詞と その受動態

1 私はその子どもたちが通りを横切るのを見た。

2 彼女がピアノを弾くのを聴きましょう。

3 あなたは家が揺れるのを感じましたか?

4 彼の母は彼に部屋を掃除させた。

5 彼女は夫に電球を新しいものと取り換えてもらった。

6 その男性は子どもたちを彼の庭で遊ばせてやった。

7 その男性は部屋に忍び込むのを見られた。

8 彼は独り言を言うのを妻に聞かれた。

9 トムは父親に車を洗わされた。

10 私は上司に残業させられた。

語句 ❸揺れる:shake ❺電球:light bulb / 取り換える:replace
❼〜に忍び込む:sneak into 〜

024

I saw the children cross the street.

Let's listen to her play the piano.

Did you feel the house shake?

His mother made him clean the room.

She had her husband replace the light bulb with a new one.

The man let the children play in his garden.

The man was seen to sneak into the room.

He was heard to talk to himself by his wife.

Tom was made to wash the car by his father.

I was made to work overtime by my boss.

不定詞

5 be to 〜 / 独立不定詞

1 その催しは来週の日曜日に開催される予定です。

2 私たちは何をしなければならないのですか?

3 試験に合格するつもりなら、あなたはすぐに勉強を開始するべきです。

4 その夜は星が見えませんでした。

5 彼らは二度と会うことはなかった。

6 実を言うと、映画はつまらなかった。

7 率直に言って、私はあなたの申し出を受け入れることができません。

8 まず、この部屋を掃除しましょう。

9 確かに、彼は本当に頭がいい。

10 言うまでもなく、実際にその俳優に会ったとき彼女は興奮した。

語句 ⑩実際に〜に会う:meet 〜 in the flesh

025

The event is to be held next Sunday.

What are we to do?

If you are to pass the exam, you should start studying immediately.

No stars were to be seen that night.

They were never to see each other again.

To tell (you) the truth, the movie was boring.

To be frank with you, I can't accept your offer.

To begin with, let's clean this room.

To be sure, he is really smart.

Needless to say, she was excited when she met the actor in the flesh.

不定詞

6 have something[nothing など] to do with ～

1 私は彼らとはまったく関係がありません。

2 そのような能力はビジネスでの成功とはほとんど関係がない。

3 その会社はその事故と何らかの関係があった。

4 その男はその犯罪と何らかの関係があったのですか？

5 これは精神衛生とおおいに関係がある。

6 それが私の将来と何の関係があるのですか？

7 あなたはそのプロジェクトと何の関係があったのですか？

8 これらの種類の病気はストレスと関係がある。

語句 ❺精神衛生：mental health　❽病気：disease

026

I have nothing to do with them.

Such ability has little to do with success in business.

The company had something to do with the accident.

Did the man have anything to do with the crime?

This has a lot to do with mental health.

What does that have to do with my future?

What did you have to do with the project?

These kinds of diseases have to do with stress.

7 in order to ~ / so as to ~ / so ~ as to … / ~ enough to …

1 彼らは家を買うためにお金を貯めている。

2 彼は目標を達成するために一生懸命働いた。

3 彼は雪道で滑って転ばぬよう注意深く歩いた。

4 私たちは始発列車に乗るために早起きしなければならなかった。

5 彼は何が起こっているのか見るために立ち上がった。

6 その学生は試験に落ちないように懸命に勉強した。

7 彼女は親切にも私を車で家まで送ってくれた。

8 私は同じ間違いをするほど愚かではありません。

9 彼は親切にも僕をひと晩泊めてくれた。

10 私はジェット機を買えるほど金持ちではない。

語句 ❶お金を貯める：save up　❷目標を達成する：meet the goal
❸雪道：snowy road / 滑って転ぶ：slip and fall
❹始発列車：the first train　❾1泊する：stay overnight
❿ジェット機：jet plane

027

They are saving up in order to buy a house.

He worked hard in order to meet the goal.

He walked carefully in order not to slip and fall on the snowy road.

We had to get up early so as to catch the first train.

He stood up so as to see what was going on.

The student studied hard so as not to fail the exam.

She was so kind as to drive me home.

I am not so stupid as to make the same mistake.

He was kind enough to let me stay overnight at his place.

I'm not rich enough to buy a jet plane.

5 分詞・分詞構文〈シンプル解説〉

❶ 現在分詞と過去分詞の使い分け

他動詞の「現在分詞」は能動的な意味を持ち、「過去分詞」は受動的な意味を持ちます。

The show will **excite** the audience.
（そのショーは観客を興奮させるでしょう）
のように、excite「〜を興奮させる」は他動詞です。

現在分詞 exciting は能動的な意味（＝興奮させるような、ワクワクさせるような）となり、
過去分詞 excited は受動的な意味（＝興奮させられた、ワクワクさせられた）となります。

【ex】That was an **exciting** movie.
　　　（それはワクワクするような映画だった）
　　　We were **excited**.
　　　（私たちは興奮した）
　　　The pianist's performance was **fascinating**.
　　　（そのピアニストの演奏は魅惑的だった）
　　　The audience was **fascinated**.
　　　（聴衆はうっとりした）

自動詞の「現在分詞」は「〜している」という進行の意味を、「過去分詞」は「〜してしまった」という完了の意味を表します。

【ex】**falling** snow（降っている雪）
　　　fallen leaves（落ちてしまった葉→落ち葉）

❷ S＋V＋現在分詞・過去分詞 / S＋V（知覚動詞）＋O＋現在分詞・過去分詞

「S＋V＋分詞」は、Sがどのような状態でVしているかを表し、現在分詞は「〜しながら」、過去分詞は「〜されながら」という意味になります。

【ex】She **sat thinking** about something.
（彼女は何か考えごとをしながら座っていた）

The man **stood surrounded** by some police officers.
（その男は何人かの警官に囲まれて立っていた）

「S＋V（知覚動詞）＋O＋現在分詞・過去分詞」は、「〜が…しているところを」あるいは「〜が…されるのを見る[聞く、感じるなど]」という意味になります。

【ex】I **saw some children playing** in the park.
（私は何人かの子どもが公園で遊んでいるのを見た）

He **heard his name called**.
（彼は自分の名前が呼ばれるのを聞いた）

❸ 分詞構文：基本形 / 否定

分詞構文では、分詞（〜ing）が接続詞と動詞を兼ね、副詞節の働きをします。

副詞節を持つ文：**When I looked out of the window,** I
saw a beautiful rainbow.
（窓から外を見ると美しい虹が見えた）

110

この文を、分詞構文を使って言い換えると、

  Looking out of the window, I saw a beautiful rainbow.

となります。

このように**主節と副詞節の主語と時制が同じとき**は、副詞節の接続詞と主語を省略し、動詞の代わりに現在分詞を用いて、分詞構文に言い換えることができます。

分詞構文は、**時、理由、条件、譲歩**などさまざまな意味を表します。

【ex】**Having** a lot of things to do, I could not go out with my friends.

（することがたくさんあったので、私は友人たちと外出できなかった）＊理由

Walking along this street, you will get to the station.

（この通りを歩いていけば、駅に着きますよ）＊条件

Admitting he lacks experience, I think he can do this job.

（彼が経験不足なのは認めますが、彼にはこの仕事ができると思います）＊譲歩

分詞構文の否定形は、否定語を分詞の前に置きます。

【ex】**Not** feeling well, she did not go to work.

（気分がすぐれなかったので、彼女は仕事に行かなかった）

❹ being の省略（進行形・受動態・形容詞）

進行形の副詞節を、基本どおりに分詞構文にすると being 〜 ing の形となりますが、ふつう being は省略します。

副詞節のある文：While she was walking along the street, she found a nice cafe.

（彼女は通りを歩いていると、素敵なカフェを見つけた）

↓

分詞構文の文：**Being walking** along the street, she found a nice cafe.

↓

being を省略：**Walking** along the street, she found a nice cafe.

being + 過去分詞の形をとる受動態の分詞構文や being + 形容詞の分詞構文でも、よく being が省略されます。

【ex】**Scolded** by his father, the child cried.
（父親に叱られてその子どもは泣いた）

Able to speak fluent Japanese, Jack made many friends in Japan.
（流ちょうに日本語を話せるので、ジャックは日本で多くの友人ができた）

5 分詞・分詞構文 〈シンプル解説〉

❺ having + 過去分詞

分詞構文で主節より前の「時」を表すには、「having + 過去分詞」の形を用います。

副詞節を持つ文：After he had done his homework, he played with his friends.
（宿題をしたあと、彼は友達と遊んだ）

↓

分詞構文の文：**Having done** his homework, he played with his friends.

【ex】**Having watched** that movie before, she did not want to watch it again.
（以前にその映画を観たことがあったので、彼女はもう一度観たくはなかった）

Not **having slept** enough the night before, he was sleepy.
（前夜十分眠れなかったので、彼は眠かった）

❻ 独立分詞構文

独立分詞構文は、分詞の主語が主節の主語と異なるとき、分詞の前に意味上の主語を置く形です。

副詞節を持つ文：Since it was rainy, we did not go out.
（雨だったので、私たちは外出しなかった）

↓

分詞構文の文：**It being** rainy, we did not go out.

113

【ex】**There being** nothing to eat in the refrigerator, I went to the supermarket.

（冷蔵庫に何も食べる物がなかったので、私はスーパーマーケットに行った）

It having stopped raining, he washed his car.

（雨がやんだので彼は洗車をした）

❼ 付帯状況のwith

「付帯状況のwith」とは、「with + X（名詞・代名詞など）+ 〜（形容詞・分詞・前置詞句など）」の形で、「Xが〜の状態で」という意味を表します。主文に追加的な情報（＝付帯状況）を与える働きをします。

She sat there.（彼女はそこに座っていた）と Her eyes were closed.（彼女の目は閉じていた）を付帯状況の with を使って１文で言い換えると、

　　She sat there **with her eyes closed**.

となります。

【ex】He sat **with his arms folded**.

　　　（彼は腕組みをして座っていた）

　　　The man was walking **with his dog following**.

　　　（その男性は犬を連れて歩いていた）

　　　He always walks **with his hands in his pockets**.

　　　（彼はいつもポケットに手を入れて歩く）

❽ 分詞構文を使った慣用表現

分詞構文を使って慣用化したさまざまな表現があります。

generally[strictly、frankly、roughly] speaking「一般的に［厳密に、率直に、おおざっぱに］言って」、speaking[talking] of ～「～と言うと」、judging from ～「～から判断すると」、considering ～「～を考慮すると」、supposing (that) ～「もし～ならば」、granted[granting] (that) ～「～だとしても」、weather permitting「天気がよければ」

などがあります。

【ex】**Frankly speaking**, his latest movie is boring.
（率直に言って、彼の最新映画は退屈だ）

Judging from the looks of the sky, it may rain.
（空模様から判断すると、雨が降るかもしれない）

❾ have[get] ＋ O ＋ 過去分詞

「have[get] ＋ O（目的語）＋ 過去分詞」で「O を～してもらう、される」という意味になります。

【ex】She **had her bag carried** to her room.
（彼女はかばんを部屋に運んでもらった）

He **had his watch stolen**.
（彼は時計を盗まれた）

① 現在分詞と過去分詞の使い分け

1 退屈した少女はあくびをした。

---

2 それは退屈な映画だった。

---

3 結果はがっかりするものだった。

---

4 がっかりした男は肩をすくめた。

---

5 それは魅惑的なショーだった。

---

6 魅惑された少女はため息をついた。

---

7 驚いた女性は悲鳴をあげた。

---

8 その知らせは驚くものだった。

---

9 その少女は降る雪を見ていた。

---

10 地面は落ち葉で覆われていた。

語句 ❶あくびをする：yawn　❹肩をすくめる：shrug　❻ため息をつく：sigh

028

The bored girl yawned.

That was a boring movie.

The result was disappointing.

The disappointed man shrugged.

That was a fascinating show.

The fascinated girl sighed.

The surprised woman screamed.

The news was surprising.

The girl was watching the falling snow.

The ground was covered with fallen leaves.

② S＋V＋現在分詞・過去分詞 /
S＋V（知覚動詞）＋O＋現在分詞・過去分詞

1 彼はテレビを見ながら横になっていた。

2 その犬は跳ねながら私のほうへやってきた。

3 その老人は子どもたちに囲まれて座っていた。

4 彼らはその光景に驚いて立ちつくしていた。

5 私は何人かの人がその部屋で待っているのを見た。

6 私は胸がドキドキしている（心臓が速く鼓動している）のを感じた。

7 彼女は月が美しく輝いているのをじっと見た。

8 私はひとりの男が何人かの警官に逮捕されるのを見た。

9 あなたは自分の名前が呼ばれるのを聞きませんでしたか？

10 あなたは今までにこの言語が話されるのを聞いたことがありますか？

語句 ❹驚かす：astound　❻鼓動する：beat　❽逮捕する：arrest

029

He lay watching TV.

The dog came hopping toward me.

The old man sat surrounded by children.

They stood astounded at the sight.

I saw a few people waiting in the room.

I felt my heart beating fast.

She watched the moon shining beautifully.

I saw a man arrested by some police officers.

Didn't you hear your name called?

Have you ever heard this language spoken?

③ 分詞構文：基本形 / 否定

1 見上げると、（私には）1羽の白鳥が見えた。

2 私を見ると、彼は「やあ」と言った。

3 あの角を左に曲がると、あなたは駅に着くでしょう。

4 海の近くに住んでいるので、彼はよく釣りに行く。

5 嵐がその地域を襲い、大きな被害をもたらした。

6 あなたが全力を尽くしたことは認めますが、私は結果に満足していません。

7 昨日彼女は具合がよくなかったので、仕事に行かなかった。

8 まったく運動をしないと、あなたは病気になるかもしれません。

9 そのとき十分なお金の持ち合わせがなくて、僕はその本を買えなかった。

10 なんと言っていいかわからず少女は黙っていた。

語句 ❶白鳥：swan　❺嵐：storm / 地域：area / 襲う：hit / 被害：damage
❻全力を尽くす：do one's best

030

Looking up, I saw a swan.

Seeing me, he said, "Hi."

Turning left at that corner, you will get to the station.

Living near the sea, he often goes fishing.

The storm hit the area, causing great damage.

Admitting that you did your best, I am not satisfied with the result.

Not feeling well yesterday, she did not go to work.

Not doing any exercise, you may get sick.

Not having enough money with me at the time, I couldn't buy the book.

Not knowing what to say, the girl kept silent.

4 beingの省略（進行形・受動態・形容詞）

1 川に沿って歩いているとき、彼はとても大きな魚を見た。

2 風呂に入りながら、私の父はお気に入りの歌を歌った。

3 車で家に帰る途中、彼は事故に巻き込まれた。

4 簡単な文体で書かれているので、その小説は読みやすかった。

5 遠くから見ると彼の家は城のように見えた。

6 ガシャンという音に驚いて、その猫は跳び上がった。

7 その科目に興味がなかったので、その生徒は授業中眠かった。

8 その日は疲れていたので、彼は早めに寝た。

9 怒っていたので彼女はひと言も口をきかなかった。

10 流ちょうにフランス語を話せたので、彼女はパリ滞在を楽しむことができた。

語句 ❸～に巻き込まれる：be involved in ～ ❹文体：style / 小説：novel
❻ガシャンという音：crash ❿流ちょうに：fluently

031

Walking along the river, he saw a very big fish.

Taking a bath, my father sang his favorite song.

Driving home, he was involved in an accident.

Written in a simple style, the novel was easy to read.

Seen from a distance, his house looked like a castle.

Surprised by the crash, the cat jumped.

Not interested in the subject, the student felt sleepy during the class.

Tired that day, he went to bed early.

Angry, she did not say a word.

Able to speak French fluently, she could enjoy her stay in Paris.

5 having + 過去分詞

1 昼食を食べて、彼はオフィスに戻った。

2 10代のときに日本に住んでいたので、メアリーは日本語を流ちょうに話す。

3 長い間この町に住んでいるので、彼はここにたくさんの知り合いがいる。

4 先週時計をなくしたので、私は新しい時計を買う必要がある。

5 （彼女と）結婚して20年になるので、彼は妻の好みをわかっている。

6 その国には以前行ったことがあるので、私たちは今年別の国を訪れるだろう。

7 あまりまじめに勉強しなかったので、その学生は試験に落ちた。

8 以前に一度もその男に会ったことがなかったので、彼女は彼に話しかけなかった。

9 以前犬に噛まれたことがあるので、彼女は犬を怖がっている。

10 一度もそのように話しかけられたことがないので、彼女はどう返答していいかわからなかった。

語句 ❸知り合い：acquaintance　❺好み：taste
❽〜に話しかける：speak to 〜　❾噛まれる：be bitten
❿返答する：respond

032

Having eaten lunch, he got back to the office.

Having lived in Japan in her teens, Mary speaks Japanese fluently.

Having lived in this town for a long time, he has many acquaintances here.

Having lost my watch last week, I need to buy a new one.

Having been married to her for twenty years, he knows his wife's taste.

Having been to the country before, we will visit another country this year.

Not having studied very seriously, the student failed the exam.

Never having met the man before, she did not speak to him.

Having been bitten by a dog before, she is afraid of dogs.

Never having been spoken to that way, she did not know how to respond.

6 独立分詞構文

1 晴れていたので、彼は釣りに行った。

2 時刻が遅くて暗かったので、海岸には人がほとんどいなかった。

3 その本は面白くなかったので、彼女は読むのをやめた。

4 冷蔵庫に何も食べる物がなかったので、彼はスーパーマーケットに行った。

5 その少女は髪を風になびかせながら走った。

6 月が昇ったので私たちはバルコニーに出た。

7 雨がやんだので、彼らは散歩に出かけた。

8 その家は高い塀に囲まれていて、僕たちは誰がそこに住んでいるのかわからなかった。

9 家に（何者かに）侵入されたので彼は警察に電話をした。

10 車がまだ修理されていなかったので、彼らはそこに電車で行った。

語句 ❺風になびく：stream in the wind　❾〜に侵入する：break into 〜

It being sunny, he went fishing.

It being late and dark, there were few people on the beach.

The book not being interesting, she stopped reading it.

There being nothing to eat in the refrigerator, he went to the supermarket.

The girl ran, her hair streaming in the wind.

The moon having risen, we went out onto the balcony.

It having stopped raining, they went for a walk.

The house being surrounded by a high fence, we did not know who lived there.

His house having been broken into, he called the police.

Their car not having been repaired, they went there by train.

7 付帯状況のwith

1 その少女は目を輝かせて入ってきた。

2 彼は目を閉じて瞑想していた。

3 その女性は足を組んでベンチに座っていた。

4 お金がすっかりなくなって、彼は仕事を探さなければならなかった。

5 君が近くでそんな騒音を立てているので僕はこの本が読めない。

6 その男性は新聞を読んでいて、彼のかたわらで彼の子どもたちが遊んでいた。

7 口をいっぱいにして話してはいけません。

8 窓が全部開いていたので、家のなかは少し寒かった。

9 その少年はポケットに手を入れて歩いていた。

10 頬に涙をつたわせながら、彼女はその映画を観ていた。

語句 ❷瞑想する：meditate　❺騒音を立てる：make a noise

034

The girl came in with her eyes shining.

He was meditating with his eyes closed.

The woman was sitting on the bench with her legs crossed.

With all his money gone, he had to look for a job.

I can't read this book with you making that noise nearby.

The man was reading the newspaper with his children playing beside him.

Don't speak with your mouth full.

It was a little cold inside the house with all the windows open.

The boy was walking with his hands in his pockets.

She was watching the movie, with tears running down her cheeks.

8 分詞構文を使った慣用表現

1 率直に言って、私はそれがよい考えだとは思わない。

2 一般的に言って、女性は男性より長生きだ。

3 厳密に言えば、彼の言ったことは正しくなかった。

4 彼の表情から判断して、彼はその結果に満足していなかった。

5 彼が来られなかったら私が行きますよ。

6 映画と言えば、あなたは『ゴッドファーザー』を観たことがありますか?

7 年の割には(彼の年を考慮すると)、私の祖父は非常に活動的だ。

8 天気がよければ、私たちは今週末ピクニックに行きます。

9 彼の頭が非常にいいとしても、この仕事をできるという保証はない。

10 すべてを考慮すると、そのイベントは成功だったと言える。

語句 ❹表情:expression ❾保証:guarantee

035

Frankly speaking, I don't think that is a good idea.

Generally speaking, women live longer than men.

Strictly speaking, what he said was not right.

Judging from his expression, he was not happy with the result.

Supposing (that) he can't come, I will go for him.

Speaking of movies, have you ever seen *The Godfather*?

Considering his age, my grandfather is very active.

Weather permitting, we will go on a picnic this weekend.

Granted[Granting] (that) he is very smart, there is no guarantee that he can do this job.

All things considered, we can say that the event was a success.

9 have[get] ＋ O ＋ 過去分詞

1 彼はガソリンスタンドで車を洗ってもらった。

2 ナンシーは電車のなかで財布を盗まれた。

3 彼女は秘書に手紙をタイプしてもらった。

4 あなたは、あなたの目を医者に診察してもらうべきです。

5 部屋をすぐに掃除してもらいたいのですが。

6 あなたの車はどこで傷つけられたのですか？

7 このピアノを調律してもらいたい。

8 トムは指をドアにはさまれた。

9 彼らは家をリフォームしてもらった。

10 彼はスピード違反で免停になった。

語句 ❶ガソリンスタンド：gas station　❹診察する：examine
❼調律する：tune　❾リフォームする：renovate
❿スピード違反：speeding / 停止する：suspend

132

036

He had[got] his car washed at the gas station.

Nancy had[got] her wallet stolen on the train.

She had[got] the letter typed by her secretary.

You should have[get] your eyes examined by the doctor.

I would like to have[get] my room cleaned at once.

Where did you have[get] your car damaged?

I want to have[get] this piano tuned.

Tom had[got] his finger caught in the door.

They had[got] their house renovated.

He had[got] his driver's license suspended for speeding.

6 動名詞〈シンプル解説〉

❶ 動詞、前置詞、句動詞の目的語として

動詞 mind には「〜を嫌がる」という意味があり、「mind ＋ 動名詞」で「〜することを嫌がる」となります。**「Would[Do] you mind ＋ 動名詞？」**は、直訳すると「あなたは〜するのを嫌がりますか？」ですが、転じて**「〜してくださいませんか？」**という丁寧な依頼になります。「はい、かまいません」と答えるときは No, I don't. のように否定形を使います。

【ex】 **Would you mind explaining this?**—No problem.
　　　（これを説明してくださいませんか？—もちろんいいですよ）

enjoy「楽しむ」、**avoid**「避ける」、**finish**「終える」などは、動詞を目的語にとるときは、その動詞は動名詞になります。

【ex】 We **enjoyed listening** to music.
　　　（私たちは音楽を聴いて楽しんだ［聴くことを楽しんだ］）
　　　She **avoided seeing** him.
　　　（彼女は彼に会うのを避けた）
　　　They **finished cleaning** the building.
　　　（彼らはその建物を掃除し終えた）

動詞が前置詞や句動詞（動詞＋前置詞・副詞などでひとつの動詞の働きをするもの）の目的語になるときは動名詞を使います。

【ex】 She is good **at speaking** English.
　　　（彼女は英語を話すのが得意です）
　　　He **put off visiting** the country.
　　　（彼はその国を訪問するのを延期した）

❷ 動名詞の否定・受動態

動名詞の**否定形**は **not**、**never** などの否定語を**動名詞の直前に**置きます。

【ex】I regret **not** going there that day.
（私はあの日そこに行かなかったことを後悔している）

動名詞の**受動態**は、be を動名詞にして、「**being ＋ 過去分詞**」の形になります。

【ex】The boy was afraid of **being scolded**.
（男の子は叱られるのを恐れていた）

❸ 動名詞の意味上の主語

動名詞の動作主が文の主語と違うときは、動名詞の前に**意味上の主語**を置きます。

意味上の主語が代名詞の場合、所有格を用います。名詞の場合は 's の形になります。ただし、動名詞が他動詞や前置詞の目的語のときは、代名詞は目的格、名詞はそのままの形のことが多いです。

【ex】**His** passing the exam surprised everyone.
（彼が試験に受かったことは皆を驚かせた）
His wife did not like **his[him]** coming home late every day.（彼の妻は彼が毎日遅く帰宅するのが気に入らなかった）
Nancy's studying too hard worried her parents.
（ナンシーがあまりにも懸命に勉強することは両親を心配させた）

They opposed **John['s]** going there alone.
(彼らはジョンがひとりでそこに行くことに反対した)

❹ having + 過去分詞（完了動名詞）

「**having ＋過去分詞**」は述語動詞より「**前の時**」を表します。

【ex】He is proud of **having won** the prize.
(彼はその賞をとったことを誇りに思っている)

remember、**forget**、**regret** などはこの形をとらず、あと
に直接、動名詞を置くことで「前の時」を表すことができます。

❺ prevent[stop、keep など] +O+ from ~ing

S prevent[stop、keep] + O + from ~ing は「**S が O が
～するのを妨げる、S のために O は～できない**」という意味を
表します。

【ex】The trouble **prevented[stopped, kept]** them **from
holding** the event.
(その問題のために彼らは催しを行えなかった)

prevent と **stop** は **from** を省略することができますが、この
意味では **keep** は **from** を省略できません（省略すると「O を
～させておく、～させ続ける」という意味になってしまいます）。

【ex】He **kept** us **waiting** for hours.
（彼は私たちを何時間も待たせ続けた）

prohibit「禁止する」、**hinder**「妨げる」などの動詞も、「動詞＋O＋from ~ing」のパターンを用います。

❻ It is no use ~ing / There is no ~ing / be worth ~ing

It is no use ~ing は**「〜しても無駄だ」**という意味になります。

【ex】**It is no use crying** over spilt milk.
（覆水盆に返らず［こぼれたミルクについて泣いても無駄である]）

There is no ~ing は**「〜するのは不可能だ」**という意味になります。

【ex】**There is no knowing** who will win.
（誰が勝つか知ることはできない）

be worth ~ing は**「〜する価値がある」**という意味になります。

【ex】This language **is worth learning**.
（この言語は学ぶ価値がある）

❼ never ～ without ~ing /
cannot help ~ing / on ~ing / in ~ing

never ～ without ~ing は「**～すると必ず…する**」という意味
になります。

【ex】 She **never** goes to the department store **without buying**
a lot of things.

(彼女はデパートに行くと必ずたくさん買い物をする)

cannot help ~ing は「**～せずにはいられない**」という意味に
なります。

【ex】 She **cannot help worrying** about her children.

(彼女は子どもたちのことを心配せずにはいられない)

on ~ing は「**～するとすぐに**」あるいは「**～するときに**」とい
う意味になり、**in ~ing** は「**～するときに、～する際には**」とい
う意味になります。

【ex】 **On coming** home, he had dinner.

(帰宅するとすぐに彼は夕食を食べた)

You must be careful **in crossing** the road.

(道を横切る際には注意しなければなりません)

動名詞

① 動詞、前置詞、句動詞の目的語として

1 ドアを閉めてくださいませんか？

2 私はあなたのためにそこに行ってもかまいません。

3 みんな、試合を見て（見ることを）楽しみました。

4 彼は彼女と議論することを避けた。

5 少年は分厚い本を読み終えた。

6 数年前に私と一緒にここに来たことを覚えていますか？

7 ジョンは日本語を話すのが上手ですか？

8 またお会いできるのを楽しみにしています。

9 彼は人前で話すことに慣れていません。

10 彼らはそのプロジェクトを実施するのを来年まで延期した。

語句 ❹議論する：argue
❾人前で：in public ／〜に慣れている：be used to 〜
❿実施する：carry out ／延期する：put off

140

037

Would[Do] you mind closing the door?

I wouldn't mind going there for you.

Everyone enjoyed watching the game.

He avoided arguing with her.

The boy finished reading the thick book.

Do you remember coming here with me a few years ago?

Is John good at speaking Japanese?

I'm looking forward to seeing you again.

He is not used to speaking in public.

They put off carrying out the project until next year.

動名詞

2 動名詞の否定・受動態

---

1 彼は全力を尽くさなかったことで私を責めた。

---

2 あなたはその車を買わなかったことを後悔しているのですか？

---

3 そのことを考えないことは彼にとって困難だった。

---

4 彼は E メールに返信しなかったことを彼女に謝罪した。

---

5 彼らは罰されることを恐れていた。

---

6 僕はせかされるのが嫌いだ。

---

7 その少年はかろうじて車にはねられずに済んだ。

---

8 私はあだ名で呼ばれるのは気にしません。

語句 ❶全力を尽くす：do one's best
❹E メールに返信をする：reply to an e-mail　❻せかす：rush
❼かろうじて：narrowly / 車にはねられる：be hit by a car

142

038

He blamed me for not doing my best.

Do you regret not buying the car?

Not thinking about it was hard for him.

He apologized to her for not replying to her e-mail.

They were afraid of being punished.

I hate being rushed.

The boy narrowly escaped being hit by the car.

I don't mind being called by my nickname.

③ 動名詞の意味上の主語

1 私はあなたが遊びに来てくれる（＝私たちを訪問してくれる）のを楽しみにしています。

2 私たちは彼女が試験に受かることを確信していた。

3 私の両親は私がそこに行くことに反対しました。

4 彼が貧しい人々のために働いたことは人々に感銘を与えた。

5 彼らが時間どおりに到着しなかったことがいくつか問題を引き起こした。

6 息子がいつもの時間に帰宅しなかったことが彼女を心配させた。

7 彼はお母さんが医師であることを誇りにしています。

8 トムがその賞をとったことはみんなをおおいに喜ばせた。

9 私はナンシーがその事実を知らないことに驚いた。

10 彼は私たちが事前に情報を提供しないことに憤慨した。

語句 ❸〜に反対する：oppose (to) 〜　❹感銘を与える：impress
❽おおいに喜ばせる：delight　❿憤慨する：resent

039

I look forward to your[you] visiting us.

We were sure of her passing the exam.

My parents opposed (to) my[me] going there.

His working for the poor impressed people.

Their not arriving on time caused some problems.

Her son's not coming home at the usual time worried her.

He is proud of his mother('s) being a doctor.

Tom's winning the award delighted everyone.

I was surprised at Nancy('s) not knowing the fact.

He resented our[us] not giving him the information beforehand.

やばい…

4 having＋過去分詞（完了動名詞）

1 私はこの学校の生徒であったことを誇りに思います。

2 その男はお金を盗んだことを認めた。

3 彼女はそのようなばかげた間違いをしたことを恥じています。

4 彼らと話をしたことを否定しますか？

5 彼女はその映画スターに会ったことを自慢した。

6 その国を訪れたことは私たちにとってよい思い出です。

7 彼らは必要な措置をとらなかったことを認めた。

8 彼らは息子がその大学を卒業したことを誇りに思っています。

9 警察はその男が殺害されたことを否定した。

10 その男は賄賂を受けとったことがないことを誇りに思っている。

語句 ❺～を自慢する：boast of ～
❼必要な措置をとる：take a necessary measure
❾殺害する：murder　❿賄賂を受けとる：be bribed

040

I am proud of having been a student of this school.

The man admitted having stolen the money.

She is ashamed of having made such a silly mistake.

Do you deny having talked to them?

She boasted of having met the movie star.

Having visited the country is a good memory for us.

They admitted (to) not having taken a necessary measure.

They are proud of their son having graduated from that university.

The police denied the man having been murdered.

The man is proud of never having been bribed.

5 prevent[stop、keepなど] + O + from ~ing

1 雨のせいで私たちはピクニックに行けなかった。

2 この措置はその病気が広まるのを防ぐかもしれない。

3 外交交渉のおかげで紛争は戦争に発展しないで済んだ。

4 この薬は症状の悪化を防ぐでしょう。

5 頭痛のため彼女はパーティを十分に楽しむことができませんでした。

6 怖かったけれど彼女はそこに行った。

7 手すりのおかげでその少年はバルコニーから落ちなかった。

8 眠気のせいで私は仕事に集中できなかった。

9 学校は生徒が携帯電話を持ってくることを禁止しています。

10 外の騒音のせいで彼は仕事に集中できなかった。

語句 ❷広がる：spread　❸外交交渉：diplomatic negotiations /
紛争：dispute / ～に発展する：develop into ～
❹症状：symptom / 悪化する：worsen　❼手すり：railing
❽眠気：sleepiness　❾携帯電話：cellphone　❿騒音：noise

041

The rain prevented us (from) going on a picnic.

This measure may prevent the disease (from) spreading.

Diplomatic negotiations prevented the dispute (from) developing into a war.

This medicine will stop your symptoms (from) worsening.

The headache stopped her (from) fully enjoying the party.

Fear did not stop her (from) going there.

The railing kept the boy from falling off the balcony.

Sleepiness kept me from concentrating on my work.

The school prohibits students from bringing cellphones.

The noise outside hindered him from concentrating on his work.

6 It is no use ~ing / There is no ~ing / be worth ~ing

1 この言語を学ぶことは無駄だ。

2 彼を説得しようとしても無駄だ。

3 すでにしてしまったことを後悔しても無駄だ。

4 この事実を否定するのは不可能だ。

5 将来何が起こるかわからない。

6 彼がそこに行くのを止めるのは不可能だ。

7 この本は読む価値がある。

8 あの男は会う価値がない。

9 あの映画は観る価値がありますか?

10 これらの文は暗記する価値がある。

語句 ❷説得する：persuade　❿暗記する：memorize

042

It is no use learning this language.

It is no use trying to persuade him.

It is no use regretting what you have already done.

There is no denying this fact.

There is no knowing what will happen in the future.

There is no stopping him from going there.

This book is worth reading.

That man is not worth meeting.

Is that movie worth watching?

These sentences are worth memorizing.

おなかこわすぞ

1 彼女はその写真を見るといつも楽しかった学生時代を思い出す。

---

2 あの犬は僕を見るといつも吠えつく。

---

3 ジャックは何かをすると必ずひとつか2つ間違いを犯す。

---

4 私の祖母は私たちを訪ねてくるときはいつも素敵なプレゼントを持ってきてくれる。

---

5 私たちはどっと笑わずにはいられませんでした。

---

6 値段を聞いたとき彼女は驚かずにはいられなかった。

---

7 部屋に入るとすぐに彼は暖房をつけた。

---

8 そこに着くとすぐに彼は妻に電話をした。

---

9 車を運転するときは気をつけなさい。

---

10 彼は英語を勉強する際にはこの辞書を使います。

語句 ❶学生時代：school days　❷～に吠えつく：bark at ～
❺どっと笑う：burst into laughter

043

She never looks at the picture without remembering her happy school days.

The dog never sees me without barking at me.

Jack never does anything without making a mistake or two.

My grandmother never visits us without bringing a nice present.

We couldn't help bursting into laughter.

She couldn't help being surprised when she heard the price.

On getting into the room, he turned on the heater.

On arriving there, he called his wife.

Be careful in driving a car.

He uses this dictionary in studying English.

7 仮定法〈シンプル解説〉

❶ 仮定法過去

「If S ＋ 過去形 , S would［could など助動詞の過去形］＋原形」
仮定法過去は「もし～ならば、…するのに［できるのに］」と、現在の事実に反することを表します。条件節では過去形を用い、帰結節では「助動詞の過去形＋動詞の原形」の形となります。条件節中の be 動詞は人称にかかわらず、were を用います（口語では was も使われます）。

【ex】 If I **were** a bird, I **would fly** around the world.
　　　（もし私が鳥ならば世界中を飛びまわるでしょう）
　　　If I **knew** her phone number, I **could call** her now.
　　　（もし彼女の電話番号を知っているなら、今電話できるのに）

❷ 仮定法過去完了

「If S ＋過去完了 , S would［could など助動詞の過去形］＋ have ＋過去分詞」
仮定法過去完了は「もし～だったら、…しただろうに［できただろうに］」と、過去の事実に反することを表します。条件節に過去完了形を用い、帰結節は「助動詞の過去形＋ have ＋過去分詞」の形となります。

【ex】 If it **had been** sunny yesterday, we **could have gone** on a picnic.
　　　（もし昨日晴れていたならば、私たちはピクニックに行くことができただろうに）

If you **had proposed** to her, she **would have married** you.
（もしあなたが彼女にプロポーズしていたならば、彼女はあなたと結婚したでしょうに）

過去の事実に反する仮定を立て、その結果として現在の事実に反することを表す場合は、条件節に過去完了を用いて、帰結節は助動詞の過去形＋動詞の原形の形となります。

【ex】If the train **had left** on time, we **would be** in Tokyo now.
（もし電車が時間どおりに出発していれば、私たちは今東京にいるのに）

❸ S wish ～ / If only ～

「～であればなあ」という現実に反する願望を表すのに **S wish ～** を用いることができます。
wish する時点の事実に反する願望を表すときは、**「S wish ＋ 仮定法過去」** の形を用い、
wish する時点より前の事実に反する願望を表すときは、**「S wish ＋ 仮定法過去完了」** の形を用います。

【ex】I **wish** he **were** here now.
（彼が今ここにいてくれたらなあ）
He often **wishes** he **had studied** harder when he was a student.
（彼はよく、学生時代にもっと勉強していたらなあと思う）

If only ～ は **「～でさえあればいいのになあ」** という現実に反する強い願望を表すのに用いることができます。
現在の事実に反する強い願望を表すときは、**「If only ＋ 仮定法**

過去」の形を用い、過去の事実に反する強い願望を表すときは、
「**If only ＋ 仮定法過去完了**」の形を用います。

【ex】**If only** I **had** more money.
（もっとお金がありさえすればなあ）
If only they **had arrived** on time.
（彼らが時間どおりに着いてさえいればなあ）

---

❹ If it were not for ～ / If it had not been for ～

If it were not for ～ は仮定法過去を使った表現で、現在存在
する何かについて「**～がなければ**」という意味になります。

【ex】**If it were not for** this dictionary, I could not study English.
（この辞書がなければ、私は英語の勉強ができないだろう）

If it had not been for ～ は仮定法過去完了を使った表現で、
過去に存在した何かについて「**～がなかったならば**」という意味
になります。

【ex】**If it had not been for** his help, I would have gotten into
deep trouble.
（彼の助けがなかったならば、私は大変な苦境に陥っただろう）

---

❺ If S should ～ / If S were to ～

If S should ～ は、「**万一～ならば、ひょっとして～ならば**」
という意味になり、起こる可能性が低いと話者が感じていること
を表すときに使われます。帰結節は命令文になることも多く、助

動詞の現在形が使われることもあります。

【ex】If he **should** fail the exam, he would try again.
（万一試験に落ちても、彼はまた挑戦するだろう）
If anyone **should** call, let me know.
（誰かが電話してきたら教えてください）
If he **should** be late, I will attend the conference.
（もし彼が遅れたら私が会議に出席しよう）

If S were to ～ は、あり得ないことや、起こる可能性が極めて低いと話者が感じていることを仮定するときによく用います。if の前に even をつけて「たとえ～でも」という譲歩の意味でもよく使われます。

【ex】**Even if** the sun **were to** rise in the west, I would not change my mind.
（たとえ太陽が西から昇っても、私は決心を変えません）

❻ 倒置

文語では条件節で if が省略され、倒置が起こる場合があります。

仮定法過去は **Were S** の形になります。一般動詞の場合、通常この形になりません。

【ex】**Were I** rich, I would travel around the world.
（もし私が金持ちならば世界中を旅してまわるだろう）

仮定法過去完了は **「Had S + 過去分詞」** の形になります。

【ex】**Had he known** her address, he would have written to her.

（彼女の住所を知っていたら、彼は彼女に手紙を書いただろう）

If it were not for ～ と **If it had not been for ～** は、それぞれ **Were it not for ～**、**Had it not been for ～** の形になります。

【ex】**Were it not for** your help, we could not carry out this project.（あなたの助けがなければ、我々はこのプロジェクトを実行できないでしょう）

Had it not been for his advice, the result would have been completely different.（彼の忠告がなかったら、結果はまったく違ったものになっていたでしょう）

If S should ～ と **If S were to ～** は、それぞれ **Should S ～**、**Were S to ～** の形になります。

【ex】**Should anything** happen, call the police at once.
（もし何かあったらすぐに警察に電話しなさい）

Were this company to go bankrupt, we would have to look for new jobs.（もしもこの会社が倒産したら、私たちは新しい仕事を探さなければならないだろう）

❼ as if[though]

「**as if[though] ＋ 仮定法過去**」は「（実際はそうではないのに）まるで～のように」という意味になります。主節が表す「時」と、as if[though] 節が表す「時」は同じです。

【ex】He speaks the language **as if[though]** he **were** a native speaker.（彼はその言語をあたかも母語話者のように話す）
＊実際には母語話者ではない。

注意：例文の主節を過去形にしたとき、as if[though] 節も仮定
法過去完了にして、

He **spoke** the language as if[though] he **had been** a
native speaker.

とするのは誤りです。

as if [though] 節は主節が表す「時」と同じですから、仮定法過
去のまま、

He **spoke** the language as if[though] he **were** a native
speaker.

となります。

**「as if[though] + 仮定法過去完了」は「(実際はそうではない
のに) まるで〜だったかのように」の意味になります。as
if[though] 節が表す「時」は、主節が表す「時」より前です。**

【ex】He speaks Japanese fluently **as if[though]** he **had lived**
in Japan for many years.
（彼は日本に何年も住んでいたかのように流ちょうに日本語を
話す）＊実際には日本に何年も住んだ事実はない。

現実に反する仮定ではなく、単に様子や印象を表すときには、
「as if[though] +直説法」を用います。

【ex】It looks **as if[though]** it **is** going to rain.
（雨が降りそうだ）＊雲行きなどからの判断
He spends money **as if[though]** he **is** a billionaire.
（彼は億万長者のようにお金を使う）＊実際には億万長者の可
能性

❽ if 節の代用

if 節を語句で代用することができます。

【ex】 **A gentleman** would not behave like that.

（紳士ならそのような行為はしないだろう）＊主語の名詞 a gentleman が if he were a gentleman などの代用

To hear him speak English, you would think he is American.（彼が英語を話すのを聞いたら、彼がアメリカ人だと思うだろう）＊不定詞句が if 節 If you heard him speak English の代用

With a little more time, I could have solved all the problems.（もう少し時間があれば、全問解けたのに）＊副詞句が if I had had a little more time などの代用

He is sick; **otherwise** he would be here.

（彼は病気だ。そうでなければここにいるだろう）＊副詞 otherwise が if he were not sick の代用

❾ 仮定法現在

提案・要求などを表す動詞に続く that 節で、**仮定法現在**が使われることがあります。仮定法現在では主語の人称・数、時制にかかわらず動詞の**原形**が用いられます。このような that 節で仮定法現在が使われる動詞には、suggest、advise、ask、demand、order、desire、insist、move、propose、recommend、request、require などがあります。

【ex】 I **suggested** that he **change** jobs.

（私は彼が転職することを提案した）

The doctor **advised** that he **not smoke**.

(医者は彼に喫煙しないように忠告した)

He **ordered** that everyone **be** silent.

(彼は皆が静かにするように命じた)

❿ as[so] far as 〜 / as[so] long as 〜

as[so] far as 〜 は **「〜する限り」** という意味で、限界・制限を表します。

【ex】 **As far as** I know, she is a trustworthy person.

(私が知る限り彼女は信頼できる人です)

as[so] long as 〜 は **「〜する限りは、〜でありさえすれば」** という意味で、条件を表します。

【ex】 **As long as** you obey the law, you can do anything.

(法律を守っている限りあなたは何をしてもよい)

① 仮定法過去

1 お金がたくさんあれば私はあの家を買うのだが。

2 宝くじが当たったら、私は家族のために大きな家を買うだろう。

3 もし私があなたなら、私はあの車は買わないだろう。

4 もし彼女が僕の妻だったら、僕は地上で一番幸福な男なのだが。

5 このゲームの遊び方を知っていたら、君と一緒に楽しめるのに。

6 今雨が降っていなければ僕たちは野球ができるのになあ。

7 あなたが私の立場だったらどうしますか？

8 もしあなたが鳥だったら、私のところに飛んできてくれますか？

9 もし彼女が英語を話せたら、もっとよい仕事を得られるだろうに。

10 もし1億円持っていたら、あなたは何をしますか？

語句 ❷宝くじに当たる：win the lottery　❼私の立場：my place
❿1億：one hundred million

料金受取人払郵便

牛込局承認

6035

差出有効期間
2026年5月9日
まで

（切手不要）

郵 便 は が き

162-8790

東京都新宿区
岩戸町12レベッカビル
ベレ出版

　　　読者カード係　行

||ll·ll|ll·ll|ll|ll||···|·||·l·l·|·||·|·||·|·||·|·||·l·||·||·l

お名前		年齢
ご住所　　〒		
電話番号	性別	ご職業
メールアドレス		

個人情報は小社の読者サービス向上のために活用させていただきます。

ご購読ありがとうございました。ご意見、ご感想をお聞かせください。

● ご購入された書籍

● ご意見、ご感想

● 図書目録の送付を　　　　　□ 希望する　　　□ 希望しない

ご協力ありがとうございました。
小社の新刊などの情報が届くメールマガジンをご希望される方は、
小社ホームページ（https://www.beret.co.jp/）からご登録くださいませ。

044

If I had a lot of money, I would buy that house.

If I won the lottery, I would buy a big house for my family.

If I were you, I wouldn't buy that car.

If she were my wife, I would be the happiest man on earth.

If I knew how to play this game, I could enjoy it with you.

If it weren't raining now, we could play baseball.

What would you do if you were in my place?

If you were a bird, would you fly to me?

If she were able to[could] speak English, she could get a better job.

If you had one hundred million yen, what would you do?

仮定法

② 仮定法過去完了

---

1 もし食べすぎなかったら彼は腹痛を起こさなかっただろうに。

---

2 あなたの住所を知っていれば、私はあなたを訪ねたのだが。

---

3 あのときあなたが彼の立場（place）だったら、あなたはどうしていましたか？

---

4 もし彼らが私を手伝ってくれなかったら、私は仕事を終えることはできなかったでしょう。

---

5 もしあなたが彼女に真実を告げたら、彼女は気絶していただろう。

---

6 もし彼が独身だったら、彼は彼女にプロポーズしていただろう。

---

7 もし彼がもっとはっきり話していれば、彼らは誤解しなかっただろうに。

---

8 あの日、風邪をひいていなかったら、私は彼らと一緒に出かけられたのに。

---

9 もし去年君がもっと懸命に勉強していたら、今君は大学生だろうに。

---

10 あの列車に乗りそこなっていなかったら、私たちは今東京にいるだろうに。

語句 ❶腹痛：stomachache　❺気絶する：faint
❻独身の：single / ～にプロポーズする：propose to ～
❿乗りそこなう：miss

045

If he hadn't eaten too much, he wouldn't have had a stomachache.

If I had known your address, I would have visited you.

What would you have done if you had been in his place?

If they hadn't helped me, I couldn't have finished my work.

If you had told her the truth, she would have fainted.

If he had been single, he would have proposed to her.

If he had spoken more clearly, they wouldn't have misunderstood.

If I hadn't had a cold that day, I could have gone out with them.

If you had studied harder last year, you would be a college student now.

If we hadn't missed the train, we would be in Tokyo now.

夏休みの宿題

3 S wish ～ / If only ～

---

1 英語が話せればなあ。

---

2 ブラウンさんが上司だったらなあ！

---

3 彼女はよく兄がいればいいのにと思う。

---

4 その少年は自分の部屋があればなあと思った。

---

5 あのときあの土地を買っていればなあ！

---

6 あなたは誰か違う人と結婚していればよかったのにと思うことがありますか？

---

7 その男性は、前の晩にあんなに飲まなければよかったと思った。

---

8 もう少しお金がありさえすればなあ！

---

9 彼が私と一緒にいさえすればなあ。

---

10 学生のときもっと勉強してさえいればなあ。

語句 **⑤**土地：land

046

I wish I could speak English.

I wish Mr. Brown were my boss!

She often wishes she had an elder brother.

The boy wished he had his own room.

I wish I had bought that land at that time!

Do you ever wish you had married someone else?

The man wished he had not drunk so much the night before.

If only I had a little more money!

If only he were with me.

If only I had studied more when I was a student.

4 If it were not for ～ / If it had not been for ～

1 彼女の助けがなければ、私はこの店を経営できません。

2 メガネがなければ私は何も読めません。

3 映画がなければ、彼にとって世界は退屈な場所だろう。

4 雨が降っていなければ、車で海に行くのに。

5 音楽の才能がなければ、彼はふつうの男だろう。

6 あなたの助言がなければ、彼は成功できなかったでしょう。

7 その事故がなければ、すべてはうまくいっただろうに。

8 雪が降っていなければ、彼らの飛行機は時間どおりに到着したでしょうに。

9 妻の助けがなければ、私はその本を書くことを諦めていただろう。

10 彼らの協力がなければ、私たちはこのプロジェクトを遂行することはできなかっただろう。

語句 ❶経営する：run　❺音楽の才能：musical talent / ふつうの：ordinary
❼うまくいく：go well　❽時間どおりに：on time　❿協力：cooperation

047

If it were not for her help, I couldn't run this store.

If it were not for my glasses, I couldn't read anything.

If it were not for movies, the world would be a boring place for him.

If it were not for the rain, I would drive to the sea.

If it were not for his musical talent, he would be an ordinary man.

If it had not been for your advice, he could not have succeeded.

If it had not been for the accident, everything would have gone well.

If it had not been for the snow, their plane would have arrived on time.

If it had not been for my wife's help, I would have given up writing the book.

If it had not been for their cooperation, we could not have carried out this project.

5 If S should ～ / If S were to ～

1 彼女が電話してきたら、私は 2 時に戻ると言ってください。

2 もし彼に会ったら、(私の代わりに)「よろしく」と言っておいてね。

3 もし事故にあったら、保険会社に電話しなさい。

4 困ったことがあったら私のところに来なさい。

5 もし明日雨が降ったら、そのイベントは中止になるだろう。

6 生まれ変わったら、あなたは何になりたいですか？

7 宝くじで 3 億円当たったら、あなたは仕事を辞めますか？

8 大地震が起こったら、この家はどうなるのだろう？

9 万一このビルが倒壊したら、多くの人が死ぬだろう。

10 明日世界が終わるとしたら、あなたは何をしますか？

語句 ❸保険会社：insurance company　❹困る：get into trouble
❻生まれ変わる：be reborn　❼宝くじ：lottery
❽～はどうなる？：what becomes of ～ ？　❾倒壊する：collapse

048

If she should call, tell her I will be back at two.

If you should see him, please say "Hello," for me.

If you should have an accident, call the insurance company.

If you should get into trouble, come to me.

If it should rain tomorrow, the event would[will] be cancelled.

If you were to be reborn, what would you like to be?

If you were to win three hundred million yen in the lottery, would you quit your job?

If there were to be a major earthquake, what would become of this house?

If this building were to collapse, many people would be killed.

If the world were to end tomorrow, what would you do?

来なさい こひつじたちよ

6 倒置

1 もし億万長者だったら、あの島を買うのだけれど。

2 今晴れていれば我々は釣りに行けるのだけれど。

3 昨日雪が降らなければ、彼女は遅刻しなかったでしょう。

4 車が故障しなければ、彼女はそこに電車で行かなかったでしょう。

5 エアコンがなければ、私は夏、日本で暮らせないでしょう。

6 あの事故がなければ、我々は時間どおりにそこに着くことができただろうに。

7・8は should を使って

7 もし困ったことになったら、すぐに彼に電話しなさい。

8 もし間違いを見つけたら、私に教えてください。

9・10は were to を使って

9 万一彼が突然亡くなったら、この会社は倒産するだろう。

10 もし無人島にひとり取り残されたら、あなたはどうしますか？

語句 ❶億万長者：billionaire ❺エアコン：air-conditioner
❾倒産する：go bankrupt
❿無人島：desert island／ひとり取り残される：be left alone

049

Were I a billionaire, I would buy that island.

Were it sunny now, we could go fishing.

Had it not snowed yesterday, she would not have been late.

Had the car not broken down, she would not have gone there by train.

Were it not for an air-conditioner, I could not live in Japan in summer.

Had it not been for that accident, we could have arrived there on time.

Should you get into trouble, call him immediately.

Should you find any mistakes, please let me know.

Were he to die suddenly, this company would go bankrupt.

Were you to be left alone on a desert island, what would you do?

仮定法

7 as if[though]

1 彼は何でも知っているかのような口をきく。

2 彼女は女王であるかのように振る舞う。

3 僕をあなたの召使いのように扱わないでください。

4 彼女は幽霊でも見たかのような顔をしている。

5 トムは日本で生まれ育ったかのように完璧な日本語を話す。

6 僕は夢のなかにいるように感じた。

7 その男性は日本語がわからないかのように黙っていた。

8 彼はあたかも父親であるかのように僕に話した。

9 その少女は以前に（彼に）会ったことがあるかのように彼に話しかけた。

10 彼はフルマラソンを走ったかのように疲れ果てていた。

語句 ❸召使い：servant　❺生まれ育つ：be born and brought up
❿フルマラソンを走る：run a full marathon /
疲れ果てている：exhausted

050

He talks as if[though] he knew everything.

She behaves as if[though] she were a queen.

Don't treat me as if[though] I were your servant.

She looks as if[though] she had seen a ghost.

Tom speaks perfect Japanese, as if[though] he had been born and brought up in Japan.

I felt as if[though] I were in a dream.

The man kept silent as if[though] he didn't understand Japanese.

He talked to me as if[though] he were my father.

The girl spoke to him as if[though] she had met him before.

He was exhausted as if[though] he had run a full marathon.

8 if節の代用

1 もう少しお金があれば、あのかばんを買うのになあ。

2 もう少し時間があれば、彼はすべての問題を解くことができたろうに。

3 あなたの助けがなければ、我々はこのプロジェクトを遂行することはできないでしょう。

4 彼のアドバイスがなければ、彼女は成功できなかったでしょう。

5 あなたの忠告がなければ、彼らは非常に困ったことになっていたでしょう。

6 よい医者だったら、彼の痛みの原因がすぐにわかっただろうに。

7 僕だったらその地域には住まないだろう。

8 10年前ならこの土地を半額で買うことができただろう。

9 彼が日本語を話すのを聞いたら、あなたは彼をネイティブスピーカーだと思うでしょう。

10 彼は不注意だったに違いない。さもなければこのような間違いを犯さなかっただろう。

語句 ❸プロジェクトを遂行する：carry out a project
❺～がなければ：but for ～　❻原因：cause
❽半額で：for half the price　❿さもなければ：otherwise

With a little more money, I would buy that bag.

With a little more time, he could have solved all the problems.

Without your help, we could not carry out this project.

Without his advice, she could not have succeeded.

But for your advice, they would have gotten into serious trouble.

A good doctor would have known the cause of his pain at once.

I wouldn't live in that area.

Ten years ago, you could have bought this land for half the price.

To hear him speak Japanese, you would think he is a native speaker.

He must have been careless; otherwise he wouldn't have made such a mistake.

9 仮定法現在

1 医師はその男性が毎朝散歩をすることを提案した。
suggest を使って

2 彼は彼女に少し休むように忠告した。advise を使って

3 彼女は彼にもっと頻繁に手紙を書くように頼んだ。ask を使って

4 その男性は、彼がその部屋を使用することが許されるよう要求した。request を使って

5 彼らは私たちがただちに計画を実行するよう要求した。
demand を使って

6 先生はその生徒が大学に行くことを勧めた。recommend を使って

7 私はジェーンがリーダーになることを提案します。propose を使って

8 誰もその少年が罰されることを望まなかった。desire を使って

9 私たちはただちに支払いがされることを要求します。require を使って

10 王はその男がその日国を去り、二度と戻らないよう命じた。
order を使って

語句 ❽罰する：punish ❾支払いをする：make a payment

052

The doctor suggested that the man take a walk every morning.

He advised that she take a rest.

She asked that he write to her more often.

The man requested that he be allowed to use the room.

They demanded that we carry out the plan immediately.

The teacher recommended that the student go to college.

I propose that Jane be the leader.

Nobody desired that the boy be punished.

We require that the payment be made immediately.

The king ordered that the man leave the country that day and never return.

10 as[so] far as ～ / as[so] long as ～

1 私が知る限りでは彼は正直者です。

2 私に関する限りでは、その結果に満足しています。

3 その件に関する限り、すべて順調です。

4 私の記憶の限りでは（私が覚えている限りでは）、彼は一度もヨーロッパに行ったことはない。

5 見渡す限り海原が広がっていた。

6 行儀よくしているなら（行儀よくする限り）、子どもたちは私たちと一緒に来てもよい。

7 あなたが諦めない限り、私たちはあなたを支えます。

8 走りさえすればどんな車でも結構です。

9 あなたが返してくれる限り、私はあなたにこの本を貸します。

10 護衛があなたと一緒に行く限り、あなたは出かけることができます。

語句 ❺海原：the ocean　❻行儀よくする：behave well
❽結構である（目的を果たす、役に立つ）：will do　❿護衛：bodyguard

180

053

As far as I know, he is an honest man.

As far as I am concerned, I am satisfied with the result.

As far as that matter is concerned, everything is going well.

As far as I can remember, he has never been to Europe.

The ocean stretched out as far as the eye could see.

The children can come with us as long as they behave well.

As long as you don't give up, we will support you.

Any car will do as long as it runs.

I will lend you this book as long as you return it.

As long as the bodyguards go with you, you can go out.

のしな

8 「時」を表す構文〈シンプル解説〉

❶ 過去完了形・未来完了形

過去完了形
過去完了形は**過去のある時点までの「完了・結果、継続、経験」**を表します。

【ex】When she arrived, the party **had** already **started**.
（彼女が到着したとき、パーティはすでに始まっていた）

また、過去完了形には過去よりさらに前の時点に起こったことを表す**大過去**の用法があります。

【ex】He lost the watch that he **had bought** the day before.
（彼は前日に買った時計をなくしてしまった）

未来完了形
未来完了形は**未来のある時点までの「完了・結果、継続、経験」**を表します。

【ex】He **will have finished** the job by this evening.
（彼は今日の夕方までにはその仕事を終えてしまっているだろう）

❷ 受動態の進行形 / be being ＋ 形容詞

受動態の進行形は「**be being ＋ 過去分詞**」の形となります。

【ex】The room **is being cleaned**.
　　　―受動態の現在進行形

The room **was being cleaned.**

—受動態の過去進行形

The room **will be being cleaned.**

—受動態の未来進行形

The room **has been being cleaned.**

—受動態の現在完了進行形

The room **had been being cleaned.**

—受動態の過去完了進行形

The room **will have been being cleaned.**

—受動態の未来完了進行形

「be being ＋ 形容詞」＝ 一時的に〜な態度をとっている

「主語 ＋ be ＋ 形容詞」で、人や物の性格や性質を表すのに対し、「主語 ＋ be ＋ being ＋ 形容詞」は「一時的にそのような態度をとっている、そのように振る舞っている」という意味になります。

【ex】He **is quiet**.（彼は静かな性格だ）

He **is being quiet** today.

（彼は今日［何だか、ばかに］静かだ）

❸ It is not until 〜 that … /
It won't be long before 〜 /
It has been[It is] 〜 since …

It is not until 〜 that … は「〜まで…しない、〜になって初めて…する」という意味ですが、not … until 〜の文の強調構文の形です。

I did **not** know the fact **until** today. → **It was not until** today **that** I knew that fact.
（私は今日になって初めてその事実を知った）

It won't be long before 〜 は「まもなく〜だろう」という意味になります。
before に導かれる節は「時」を表す副詞節なので、未来を表していても will は使いません。

【ex】**It won't be long before** he gets well.
（まもなく彼はよくなるだろう）

It has been[It is] 〜 since … は「…以来〜経った」という意味になり、〜の部分には期間を表す語句がきます。It has been を It is に変えても同じことが言えます。

【ex】**It has been[It is]** a year **since** I last saw him.
（彼に最後に会ってから 1 年経った）

❹ hardly[scarcely] 〜 when[before] … / no sooner 〜 than …

hardly[scarcely] 〜 when[before] … と **no sooner 〜 than …** は、「〜するとすぐに…」という意味になります。

【ex】I had **hardly[scarcely]** come home **when[before]** the phone rang.
I had **no sooner** come home **than** the phone rang.
（帰宅するとすぐに電話が鳴った）

それぞれ、hardly[scarcely]、no sooner を文頭に出す強調形が
よく使われますが、その場合、主語と had が倒置されます。

【ex】**Hardly[Scarcely] had I** come home when[before] the
phone rang.

No sooner had I come home than the phone rang.

❺ the moment (that) … / the instant (that) …

the moment (that) … と **the instant (that)** … は、とも
に「…したとたん、…するとすぐに」という意味になります。

【ex】**The moment (that)** he met her, he fell in love.
（彼女に会った瞬間に、彼は恋に落ちた）

Mary answered the phone **the instant (that)** it rang.
（メアリーは鳴ったとたんに電話に出た）

❻ once … / now that …

once … は「いったん…すると」という意味になります。

【ex】**Once** you make a promise, you have to keep it.
（いったん約束をしたら守らなければならない）

now that … は「今や〜だから」という意味になります。

【ex】**Now that** you've passed the exam, you can relax.
（君は試験に受かったのだから、ゆっくりできる）

① 過去完了形・未来完了形

1 私が初めてトムに会ったとき、彼は日本在住 3 年だった。

2 彼女は結婚10年で最初の子を妊娠した。

3 電話が鳴ったとき、彼はその本を 2 時間読んでいた。

4 彼が日本に来たとき、彼は何年間日本語を学んでいたのですか?

5 彼女は前日に彼に会ったと言った。

6 私は明日の夕方までにはこの本を読み終わっているだろう。

7 私が日本に帰ってくるときまでには、彼女は他の誰かと結婚してしまっているだろうか?

8 もう一度タイを訪れたら、彼女はそこに 3 回行ったことになる。

9 明日の午後までにはあなたの車は修理されているだろう。

10 今月末には、私たちはこのプロジェクトに半年取り組んでいることになる。

語句 ❷妊娠している:pregnant　❾修理する:repair
❿〜に取り組む:work on 〜

054

When I first met Tom, he had lived in Japan for three years.

She had been married for ten years when she got pregnant with her first child.

He had been reading the book for two hours when the telephone rang.

How many years had he been learning Japanese when he came to Japan?

She said that she had seen him the day before.

I will have finished reading this book by tomorrow evening.

Will she have married someone else by the time I come back to Japan?

If she visits Thailand again, she will have been there three times.

Your car will have been repaired by tomorrow afternoon.

By the end of this month, we will have been working on this project for half a year.

2 受動態の進行形 / be being ＋ 形容詞

1 僕の車は修理中だ（修理されつつある）。

2 私たちが病院に着いたとき、息子は治療中だった（治療されつつあった）。

3 僕が帰宅するとき、ディナーはまだ料理中（料理されつつある）かな？

4 その橋は1か月補修中だ（補修されつつある）。

5 解決策が見つかったとき、その問題は何週間も討議中だった（討議されつつあった）。

6 あと1年でその建物は50年建設中ということになる。

7 あなたは今日なぜ私にそんなに優しいのかしら？

8 彼はふざけているだけだよ。

9 彼を怒らせないように私たちは礼儀正しくしていた。

10 トムは意地を張っていた（頑固な態度をとっていた）。

語句 ❷治療する：treat　❺解決策：solution / 問題：issue
❽ふざけている：playful　❾怒らせる：offend / 礼儀正しい：polite
❿頑固な：stubborn

055

My car is being repaired.

When we got to the hospital, our son was being treated.

Will the dinner still be being cooked when I come home?

The bridge has been being repaired for a month.

The issue had been being discussed for weeks when the solution was found.

The building will have been being built for fifty years in another year.

Why are you being so nice to me today?

He is just being playful.

We were being polite not to offend him.

Tom was being stubborn.

189

「時」を表す構文

③ It is not until ~ that … / It won't be long before ~ / It has been[It is] ~ since …

1 昨日になって初めて私は彼女の手紙を受けとった。

2 病気になって（それを失って）私たちは初めて健康の価値を悟る。

3 彼女と別れて初めて彼は彼女が自分にとってどれほど大切だったのか知った。

4 彼は30歳になって初めて親から独立した。

5 まもなく芝居が始まる。

6 まもなく彼らの飛行機が到着する。

7 まもなく景気が回復するだろう。

8 彼がこの町に来てから10年になる。

9 彼女が中国語を勉強し始めてから 3 年になる。

10 私たちが一緒にヨーロッパ旅行してからどのくらいになるでしょうか？

語句 ❸〜と別れる：break up with 〜 / 大切な：precious
❼景気：economy / 回復する：recover

056

It was not until yesterday that I received her letter.

It is not until we lose it that we realize the value of good health.

It was not until he broke up with her that he knew how precious she was to him.

It was not until he became 30 that he became independent of his parents.

It won't be long before the play starts.

It won't be long before their plane arrives.

It won't be long before the economy recovers.

It has been[It is] 10 years since he came to this town.

It has been[It is] three years since she began to study Chinese.

How long has it been[How long is it] since we traveled to Europe together?

4 hardly[scarcely] 〜 when[before] …
/ no sooner 〜 than …

1〜3は hardly[scarcely] 〜 when[before] …を使って

1 私が部屋に入ったとたんに電話が鳴った。

2 グリーン氏は車を買うとすぐに盗まれた。

3 パーティが始まったとたんに急に停電になった。

4〜6は no sooner 〜 than …を使って

4 彼が駅に着くとすぐに電車が来た。

5 彼女はベッドに入るやいなや眠りに落ちた。

6 私たちが釣りを始めたとたんに雨が降り始めた。

7・8は hardly[scarcely] 〜 when[before] …の倒置を使って

7 その男たちは警官を見るやいなや走り去った。

8 私たちが出発したとたんに雪が降り始めた。

9・10は no sooner 〜 than …の倒置を使って

9 その俳優はデビューするやいなや人気が出た。

10 彼はその申し出を受けるとすぐに後悔した。

語句 ❸停電：blackout ❺眠りに落ちる：fall asleep ❽出発する：set off
❾デビューする：make one's debut

192

057

I had hardly[scarcely] gotten into the room when[before] the telephone rang.

Mr. Green had hardly[scarcely] bought the car when[before] it was stolen.

The party had hardly[scarcely] started when[before] there was a sudden blackout.

He had no sooner arrived at the station than the train came.

She had no sooner gone to bed than she fell asleep.

We had no sooner begun to fish than it began to rain.

Hardly[scarcely] had the men seen the police officer when[before] they ran away.

Scarcely[Hardly] had we set off before[when] it began to snow.

No sooner had the actor made his debut than he became popular.

No sooner had he accepted the offer than he regretted it.

⑤ the moment (that) … / the instant (that) …

1 ペンを手にとるとすぐに、彼女は手紙を書き始めた。

2 帰宅するとすぐに、彼はその本を読み始めた。

3 その夫婦はその家を見るとすぐに、買うことに決めた。

4 兄が家を出るのを見た瞬間、その少女は彼についていった。

5 ベッドに入った瞬間に彼は眠りに落ちた。

6 その知らせを聞いたとたん、彼らは喜んで跳び上がった。

7 彼が彼女にプロポーズするとすぐに、彼女は承諾した。

8 彼女が部屋に入ったとたん、みんなが「誕生日おめでとう!」と叫んだ。

9 私が話し始めた瞬間、彼は私を遮った。

10 彼に会った瞬間、私は彼が信頼できる人だと思いました。

語句 ❼〜にプロポーズする：propose to 〜
❾遮る：interrupt　❿信頼できる：reliable

The moment (that) she took a pen, she began to write a letter.

The moment (that) he came home, he began to read the book.

The moment (that) the couple saw the house, they decided to buy it.

The moment (that) she saw her brother leave home, the girl followed him.

The moment (that) he got into bed, he fell asleep.

The instant (that) they heard the news, they jumped for joy.

The instant (that) he proposed to her, she accepted.

The instant (that) she went into the room, everyone shouted, "Happy Birthday!"

The instant (that) I began to speak, he interrupted me.

The instant (that) I met him, I thought that he was a reliable person.

6 once … / now that …

1 私の息子はいったん何かを始めると最後までやり抜く。

2 一度自転車の乗り方を覚えると一生忘れない。

3 彼女は一度笑い始めると止まらない（笑いやむことができない）。

4 いったんコツをつかめば、それがいかに簡単であるかがわかるでしょう。

5 いったんその国の習慣に慣れると、彼らはそこでの生活を楽しむことができた。

6 僕は宿題を終えたので出かけられる。

7 みんな揃ったのでパーティを始めよう。

8 この大きなプロジェクトが終わったので、僕たちは休暇をとることができる。

9 車が修理されたから、僕は好きなところにドライブできる。

10 冬が終わった今、私たちはもっと多くの時間を屋外で過ごすことができる。

語句 ❶最後まで：to the end　❹〜のコツをつかむ：get the hang of 〜
❺〜に慣れる：get used to 〜　❿屋外で：outdoors

Once my son starts something, he does it to the end.

Once you learn how to ride a bicycle, you will never forget it.

Once she starts laughing, she can't stop.

Once you have gotten the hang of it, you will find how easy it is.

Once they got used to the customs of the country, they could enjoy life there.

Now that I have finished my homework, I can go out.

Now that everyone is here, let's start the party.

Now that this big project is over, we can take a vacation.

Now that the car has been repaired, I can drive wherever I want.

Now that winter is over, we can spend a lot more time outdoors.

9 比較〈シンプル解説〉

❶ ～ times as … as / ～ times + 比較級 + than

～ times as … as あるいは、～ times … er[more …] than は「～倍…である」を表します。

【ex】 This building is **twice as** tall **as** that one.
（この建物はあの建物の2倍の高さです）

This ring is **ten times more** expensive **than** that one.
（この指輪はあの指輪より10倍高価です）

❷ no more than ～ / no less than ～

no more than ～ は「(数量などが) たった～、わずかに～」や「～にすぎない」という意味を表します。

【ex】 He had **no more than** five dollars with him.
（彼は手持ちのお金が5ドルしかなかった）

She was **no more than** a beginner.
（彼女は初心者にすぎなかった）

no less than ～ は「(数量などが) ～も (多くの)」や「～同然、まさしく～」という意味を表します。

【ex】 She earned **no less than** one million dollars.
（彼女は100万ドルも稼いだ）

The movie is **no less than** a masterpiece.
（その映画はまさしく傑作だ）

❸ no more 〜 than … / no less 〜 than …

no more 〜 than … は「〜でないのは…でないのと同じだ」
という意味になります。

この構文はクジラの構文とも呼ばれますが、その由来となるのが
次の例文です。

    A whale is **no more** a fish **than** a horse is (a fish).

    （クジラが魚でないのは馬が魚でないのと同じだ）

no more と than を消去すると、A whale is a fish.（クジラは
魚である）と A horse is a fish.（馬は魚である）の2文が残り
ます。no more は「まったく上回らない、まったく差がない」
ということなので、この文を直訳すると「クジラが魚である度合
いは、馬が魚である度合いとまったく差がない」となります。
「馬が魚でない」ことは自明なので、同様に「クジラは魚でな
い」ということになります。この例文のように、than のあとに
は、あり得ないこと、否定されるべきことを表す文が使われます。

【ex】He is **no more** a fool **than** you are.

    （君が愚かでないのと同じように彼も愚かではない）

no less 〜 than … は「〜であるのは…であるのと同じだ」 と
いう意味になります。

no less は「まったく下回らない、まったく劣らない」というこ
とです。

この構文を使った例文：

    A whale is **no less** a mammal **than** a horse is.

は、直訳すると「クジラが哺乳類である度合いは、馬が哺乳類で
ある度合いにまったく劣らない」で、転じて「クジラが哺乳類な
のは馬が哺乳類であるのと同じだ」という意味になります。

than のあとには自明のこと、肯定されるべきことを表す文がきます。

【ex】She is **no less** intelligent **than** her brother is.
（彼女はお兄さんと同様に頭がいい）

❹ the ＋ 比較級 ～, the ＋ 比較級 …

「**the ＋ 比較級 ～, the ＋ 比較級 …**」は「**～すればするほどますます…する**」という意味になります。

【ex】**The higher** we go up, **the colder** the air becomes.
（高く登れば登るほど、空気は冷たくなる）
The sooner, the better.
（早ければ早いほどよい）＊従属節と主節の両方で it is が省略されている。

❺ 譲歩を表す最上級 / 最上級（that）S have ever ＋ 過去分詞

最上級を用いて「**もっとも～でも、どんな～でも**」という譲歩の意味を表すことがあります。

【ex】**The fastest runner** cannot run one hundred meters in 8 seconds.
（どんなに速いランナーでも100メートルを8秒で走ることはできない）

「最上級 (that) S have ever ＋ 過去分詞」は「S が今まで…
したなかで一番〜」という意味になります。

【ex】This is **the longest movie (that) I have ever watched**.
(これは私が今まで観たなかで一番長い映画です)

That was **the hottest dish (that) she had ever had**.
(それは彼女がそれまでに食べたなかで、もっとも辛い料理だっ
た)

1 ~ times as … as / ~ times + 比較級 + than

1 私の兄は私の 2 倍の数の本を持っている。

2 現在彼は以前の半分しか食べない。

3 その国の人口は日本の人口の約 3 分の 1 です。

4 あの映画スターは私が 1 年で稼ぐ100倍のお金を 1 本の映画で稼ぐ。

5 彼らが予想した 3 倍の人がその仕事に応募した。

6 あの犬はこの犬の 3 倍重い。

7 この方法はあの方法より10倍効果的だ。

語句 ❸人口：population　❺~に応募する：apply for ~
❼方法：method / 効果的な：effective

060

My brother has twice as many books as I do.

Now he eats only half as much as he used to.

The population of that country is about one-third as large as that of Japan.

That movie star earns a hundred times as much money for one movie as I do in a year.

Three times as many people applied for the job as they expected.

That dog is three times heavier than this one.

This method is 10 times more effective than that method[one].

2 no more than 〜 / no less than 〜

1 私の財布には千円しか入っていなかった。

2 昨日はお客が10人しか来なかった。

3 当時彼は凡庸な俳優にすぎなかった。

4 その大企業は、20年前は家族経営の小さな会社にすぎなかった。

5 その金持ちの男性は慈善団体に100万ドルも寄付した。

6 千人もの人が彼らの結婚式に出席した。

7 彼がしたことは裏切りの行為に他なりませんでした。

8 その若い作家は紛れもない天才だ。

語句 ❸凡庸な：mediocre ❹家族経営の会社：family-run company
❺慈善団体：charity / 寄付する：donate
❼裏切りの行為：act of betrayal

061

There was no more than one thousand yen in my wallet.

We had no more than ten customers yesterday.

He was no more than a mediocre actor back then.

The big company was no more than a small family-run company twenty years ago.

The rich man donated no less than one million dollars to the charity.

No less than one thousand people attended their wedding.

What he did was no less than an act of betrayal.

The young writer is no less than a genius.

3 no more ~ than … / no less ~ than …

1 ネズミが鳥でないのと同じように、コウモリは鳥ではない。

---

2 私が泳ぐことができないのは金づちが泳ぐことができないのと同じだ（＝まったく泳げない）。

---

3 私が天才でないのと同様にあなたも天才ではない。

---

4 あなたがギリシャ語を話せないのと同様に彼は日本語を話せない。

---

5 ジェーンは母親と同じくらい美しい。

---

6 その都市はパリやローマと同じくらい観光客に人気があります。

---

7 彼はピカソと同じくらい素晴らしい芸術家です。

---

8 彼はこの問題について専門家並みに知識がある。

語句 ❶コウモリ：bat　❹ギリシャ語：Greek
　　　❽問題：subject / 専門家：expert / 知識がある：knowledgeable

062

A bat is no more a bird than a rat is.

I can no more swim than a hammer can.

You are no more a genius than I am.

He can no more speak Japanese than you can speak Greek.

Jane is no less beautiful than her mother is.

The city is no less popular among tourists than Paris and Rome are.

He is no less a great artist than Picasso (is[was]).

He is no less knowledgeable about this subject than an expert is.

4 the + 比較級 〜, the + 比較級 …

1 練習すればするほど、もっと上手にあなたはそれをすることができるようになるでしょう。

2 あればあるほど欲しくなる。

3 有名になればなるほど、彼は傲慢になった。

4 彼女のことを知れば知るほど、彼は彼女を深く愛するようになった。

5 人間は考えることが少なければ少ないほど、余計にしゃべる。

6 仕事に慣れれば慣れるほど、それはあなたにとって難しくなくなるでしょう。

7 その俳優は有名になればなるほど、プライバシーがなくなった。

8 時間が経てば経つほど、彼女はその問題について心配しなくなった。

語句 ❸傲慢な：arrogant

063

The more you practice, the better you will be able to do it.

The more you have, the more you want.

The more famous he became, the more arrogant he became.

The better he knew her, the more he loved her.

The less men think, the more they talk.

The more you get used to the work, the less difficult it will be for you.

The more famous the actor became, the less privacy he had.

The more time passed, the less worried she was about the problem.

5 譲歩を表す最上級 / 最上級 (that) S have ever + 過去分詞

1 どんなに賢い人でも間違いを犯す。

2 どんなに強い人でもライオンを倒すことはできない。

3 どんなに困難な問題でも解決し得る。

4 彼は彼らが話していることがさっぱりわからなかった。

5 どんなお金持ちでも幸福を買うことはできない。

6 これは私が今までに読んだもっとも面白い本だ。

7 私の現在の仕事は今まででもっとも楽しい仕事だ。

8 それは彼らがかつて出くわしたもっとも困難な状況だった。

語句 ❶賢い：wise　❼楽しい：enjoyable　❽状況：situation

064

The wisest person makes a mistake.

The strongest man cannot beat a lion.

Even the most difficult problem can be solved.

He didn't have the slightest idea what they were talking about.

Even the richest person cannot buy happiness.

This is the most interesting book (that) I have ever read.

My present job is the most enjoyable one (that) I have ever had.

That was the most difficult situation (that) they had ever encountered.

10 接続詞〈シンプル解説〉

❶ 命令文 + and / 命令文 + or[otherwise]

「命令文 + and」は「～しなさい、そうすれば…」、「命令文 + or [otherwise]」は「～しなさい、さもないと…」という意味になります。

【ex】Work hard, **and** your dream will come true.
（懸命に努力しなさい、そうすればあなたの夢は実現しますよ）
Stop drinking too much, **or[otherwise]** you will ruin your health.
（飲みすぎるのはよしなさい、さもないと健康を損ねますよ）

❷ so ～ that … / S is such that …

so ～ that … は「とても～なので…」という意味になります。「～」には形容詞、副詞を用います。同じことを so の代わりに **such** を使って表すときは、「～」に名詞を使います。

【ex】He is **so** kind **that** everyone likes him.
（彼はとても親切なので皆彼が好きだ）
He is **such** a kind person **that** everyone likes him.
（彼はとても親切な人なので皆彼が好きだ）

S is such that … は「S が（程度などが）大変なものなので…」という意味になります。この表現ではよく倒置が起きます。

【ex】His **kindness is such that** everyone likes him.
（彼の親切さは大変なものなので皆彼が好きだ）

倒置形 **Such is his kindness that** everyone likes him.

so を使った「**とても…な〜**」という表現では「**so ＋ 形容詞 ＋ a[an] ＋ 単数名詞**」の形となります（複数名詞・不可算名詞には使えません）。

【ex】He is **so** kind **a** person that everyone likes him.
（彼はとても親切な人なので皆彼が好きだ）

❸ 〜 so that … / 〜, so (that) …

〜 so that … は「**…するように［するために］〜する**」と、行為の「**目的**」を表します。that 節で **will** や **can** などの助動詞が使われますが、**文語的表現では may** が使われます。

【ex】They are saving money **so that** they **can**[**may**] buy a house in the future.
（彼らは将来家を買えるように貯金している）

〜, so (that) … は「**〜なので…だ**」と、「**結果**」を表します。

【ex】It was very cold, **so (that)** she wore a coat.
（とても寒かったので、彼女はコートを着た）

❹ The fact[problem など] is that … / the fact[problem など] that …

The fact[problem など] is that … は「事実［問題など］は…だ」というように、主語となる抽象名詞の内容を that 以下で説明する表現です。

【ex】 **The fact is that** I have never met him.
（実を言うと私は彼に会ったことがないのです）
The problem is that he can hardly understand Japanese.
（問題は彼が日本語をほとんどわからないということだ）

the fact[problem など] that … は「…という事実［問題など］」の意味で、ここでの that は**「同格の that」**と呼ばれます。

【ex】 They did not know **the fact that** he was seriously ill.
（彼が重病だという事実を彼らは知らなかった）

❺ not only A but also B / B as well as A

not only A but also B と **B as well as A** は**「A だけでなく B も」**という意味になります。

【ex】 He speaks **not only** English **but also** Chinese.
He speaks Chinese **as well as** English.
（彼は英語だけでなく中国語も話す）

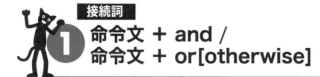

1 命令文 + and /
命令文 + or[otherwise]

1 急ぎなさい、そうすればあなたはそのバスに乗れますよ。

2 懸命に勉強しなさい、そうすればあなたは試験に合格しますよ。

3 まっすぐ行きなさい、そうすればその建物が見えますよ。

4 彼女に謝りなさい、そうすれば彼女はあなたを許してくれますよ。

5・6は or を使って

5 今出発しましょう、さもないと私たちは遅刻するでしょう。

6 すぐに医者に行きなさい、さもないと病気が悪化しますよ。

7・8は otherwise を使って

7 クラブの規則を緩めましょう、さもないと会員がもっと減るでしょう。

8 契約条件を変更しなさい、さもないと彼らはそれを受け入れないでしょう。

語句 ❹謝る：apologize
❽契約条件：the terms and conditions of the contract

Hurry up and you can catch the bus.

Study hard and you will pass the exam.

Go straight ahead, and you will see the building.

Apologize to her, and she will forgive you.

Let's start now, or we will be late.

Go to the doctor at once, or the disease will get worse.

Let's relax the rules of the club, otherwise we will lose more members.

Change the terms and conditions of the contract, otherwise they will not accept it.

2 so ～ that … / S is such that …

---

1 その本はとても面白かったので私は1日で読んでしまった。

---

2 そのホテルはとても人気があるので部屋を予約するのが難しい。

---

3 彼はとてもたくさんコーヒーを飲んだので、その夜眠ることができなかった。

---

4 彼女はとても優雅に振る舞ったので、みんな感嘆して彼女を見た。

---

5 彼の喜びは大変なものだったので、彼はそれを現実だと信じられなかった。

---

6 彼の怒りは大変なものだったので、誰も彼に近寄ることができなかった。

---

7 彼はとても穏やかな人なので、誰も彼が怒っているのを見たことがない。

語句 ❷部屋を予約する：book a room
❹優雅に：in an elegant manner／感嘆して：in admiration
❼穏やかな：gentle

066

The book was so interesting that I read it in a day.

The hotel is so popular that it is difficult to book a room.

He drank so much coffee that he couldn't sleep that night.

She behaved in such an elegant manner that everyone looked at her in admiration.

His joy was such that he could not believe it was reality.

Such was his anger that nobody could approach him.

He is so gentle a person that nobody has ever seen him angry.

宝くじ

3 ~ so that … / ~, so（that）…

---

1 彼はアメリカの大学に留学できるようにお金を貯めている。

---

2 みんなに聞こえるようにもっと大きな声で話してくださいますか？

---

3 その外国人が彼の言うことを理解できるように、彼はゆっくり話した。

---

4 交通渋滞につかまらないように早めに出発しよう。

---

5 赤ちゃんが起きないように母親は静かにドアを閉めた。

---

6 彼女は懸命に勉強したので、試験に合格した。

---

7 その日は雨だったので、試合は中止された。

---

8 彼は試験勉強をまったくしなかったので、結果は散々だった。

語句 ❹交通渋滞につかまる：be caught in a traffic jam
❼中止する：cancel　❽散々な：terrible

067

He is saving up so that he can study at a college in the U.S.

Would you speak more loudly so that everyone can hear you?

He spoke slowly so that the foreigner could understand him.

Let's leave early so that we will not be caught in a traffic jam.

The mother closed the door quietly so that the baby wouldn't wake up.

She studied very hard, so (that) she passed the exam.

It was rainy that day, so (that) the game was cancelled.

He did not study for the exam at all, so (that) the result was terrible.

④ The fact[problem など] is that … / the fact[problem など] that …

1 実を言うと、私は英語がほとんどわからないのです。

2 困ったことに、彼らは仲がよくないのです。

3 問題はその車がとても高いということだ。

4 彼が裕福な家庭の出であるという事実はよく知られていなかった。

5 その会社が倒産するかもしれないという噂があった。

6 彼女が金メダルをとったというニュースにみんな喜んだ。

7 子どもたちは幼いころから英語を教えられるべきだという考えについて、あなたはどう思いますか？

8 私は、彼は内気な人だという印象を受けた。

語句 ❷仲がよい：get along well ❹裕福な：wealthy
❺倒産する：go bankrupt

068

The fact is that I can hardly understand English.

The trouble is that they don't get along well with each other.

The problem is that the car is very expensive.

The fact that he was from a wealthy family was not well known.

There was a rumor that the company might go bankrupt.

The news that she had won the gold medal made everyone happy.

What do you think of the idea that children should be taught English from an early age?

I had an impression that he was a shy person.

5 not only A but also B / B as well as A

1 彼女は英語だけではなくスペイン語も話す。

2 ジョンは僕の英語の先生であるだけでなくよい友人でもある。

3 彼は日本語を話すだけでなく読むこともできる。

4 あなただけでなく奥さんも来て泊まるのは歓迎です。

5 彼女は俳優であると同時に歌手でもある。

6 その出張で私はロンドンだけでなくマドリードにも行った。

7 私だけでなくあなたも彼に会わなくてはいけない。

語句 **6**出張：business trip

069

She speaks not only English but also Spanish.

John is not only my English teacher but also a good friend.

He can not only speak Japanese but also read it.

Not only you, but also your wife, is welcome to come and stay.

She is a singer as well as an actor.

On that business trip I went to Madrid as well as London.

You, as well as I, have to meet him.

11 否定 〈シンプル解説〉

❶ 部分否定

「(まったく) ～というわけではない」「～とは限らない」というように、文の一部を否定することを**部分否定**と言います。**not** と、**every**、**all** や **everyone**、**always**、**necessarily**、**both** といった語の組み合わせは部分否定をつくります。

【ex】 **Not everyone** was happy.
(皆が満足していたわけではない)
Not all of the students did their homework.
(生徒全員が宿題をしたわけではなかった)
She is **not always** in a good mood.
(彼女はいつも機嫌がいいわけではない)
Fast driving is **not necessarily** dangerous.
(高速運転は必ずしも危険とは限らない)
It's **not both** of the books that I read.
(私が読んだのは両方の本ではない)

❷ not either / neither

not either と **neither** は 2 つの物や事柄、2 人について「**両方とも～ない**」というときに使うことができます。

【ex】 I do **not** like **either** of these two cars.
I like **neither** of these two cars.
(私はこの 2 台の車のどちらも気に入りません)
I do **not** like **either** this car **or** that one.

I like **neither** this car **nor** that one.

（私はこの車もあの車も気に入りません）

❸ not any ＋ 名詞 / no ＋ 名詞

「**not any ＋ 名詞**」と「**no ＋ 名詞**」は、「**（可算名詞が）ひと
つ [ひとり] も〜ない、（不可算名詞が）まったく〜ない**」という
意味になります。

【ex】 There were **not any** children in the park.

（公園には子どもがひとりもいなかった）

There are **no** books in his room.

（彼の部屋には本が１冊もない）

I **didn't** have **any** food.

（私は食べ物をまったくとらなかった）

I have **no** money with me.

（手持ちのお金がまったくない）

I **didn't** see **any** of them.

（私は彼らの誰にも会わなかった）＊them が３人以上の場合。
２人なら any の代わりに either を使う。

❹ none

none of 〜 の形で使うとき、「**〜**」には名詞や代名詞を使いま
す。**３つ（３人）以上の事柄や人について、「〜のうち何（誰）
も…ない」**という意味になります。**「〜」が不可算の場合は、「〜
がまったく…ない」**という意味になります。「〜」が名詞の場合
は、その名詞に限定語をつける必要があります。

none of のあとに複数形の名詞・代名詞がくるとき、単数扱いはフォーマルな言い方、複数扱いは一般的な言い方です。話題にしているものをうけて none 単独で使うこともできます。

【ex】 **None of** them speaks[speak] Japanese.
（彼らの誰も日本語を話さない）

She tried on many dresses, but she liked **none**.
（彼女は多くのドレスを試着したが、どれも気に入らなかった）

❺ no one / nobody /nothing

no one と **nobody** はともに「**誰も〜ない**」、**nothing** は「**何も〜ない**」という意味で、**文全体を否定の意味にします。**

【ex】 There was **no one[nobody]** in the room.
（部屋には誰もいなかった）

No one[Nobody] knows where he comes from.
（誰も彼の出身地を知らない）

Nothing is more important than health.
（健康より大切なものはない）

❻ few / little

few は可算名詞を、**little** は不可算名詞を修飾し、「**ほとんど〜ない**」という意味になります。また、ともに代名詞として単独でも使われます。

【ex】 I saw **few** children.

(子どもをほとんど見かけなかった)

There is **little** money in my bank account.

(私の銀行口座にはほとんどお金がありません)

Very few deny the value of that work.

(その作品の価値を否定する者はほとんどいない)

Little can be done to save them.

(彼らを救うためにできることはほとんどない)

❼ hardly[scarcely] / seldom[rarely]

hardly と **scarcely** は程度の少なさを表し「ほとんど~ない」という意味で、**seldom** と **rarely** は頻度の少なさを表し「めったに~ない」という意味になります。

【ex】 The foreigner could **hardly**[**scarcely**] understand Japanese.

(その外国人はほとんど日本語を理解できなかった)

My father **seldom**[**rarely**] tells jokes.

(私の父はめったに冗談を言わない)

1 部分否定

1 学校の生徒全員がそのテストを受けたわけではなかった。

2 彼の本すべてがよいというわけではない。

3 すべての人を満足させることはできない。

4 輝くものすべてが金とは限らない。

5 私はそれらの本をすべて読んだわけではない。

6 彼はいつも機嫌が悪いわけではない。

7 彼が言うことが必ずしも正しいというわけではない。

8 私が好きなのは彼らの両方ではない。

語句 ❹（キラキラ）輝く：glitter　❻機嫌が悪い：be in a bad mood

Not every student of the school took the test.

Not all of his books are good.

You can't satisfy everyone.

All that glitters is not gold.

I didn't read all of those books.

He is not always in a bad mood.

What he says is not necessarily correct.

It's not both of them that I like.

否定

2 not either / neither

1 私は彼ら2人のどちらも知らない。

2 彼女はあの2人のどちらも好きではない。

3 あの人たちは肉も卵も食べません。

4 私は彼のことを好きでも嫌いでもない。

5 （2台のうち）どちらがあなたの車ですか？―どちらも私のものではありません。

6 （2つのうちの）どちらの答えも正しくありません。

7 私たちは2人ともアフリカに行ったことがありません。

8 彼女も私も満足していません。

語句 ❽満足している：satisfied

I don't know either of them.

She likes neither of them.

Those people eat neither meat nor eggs.

I neither like him nor dislike him.

Which is your car?—Neither is (mine).

Neither answer is correct.

Neither of us has[have] been to Africa.

Neither she nor I am[are] satisfied.

③ not any ＋ 名詞 / no ＋ 名詞

1 僕は今年映画を 1 本も観ていない。

2 彼はお金を全く持っていない。

3 私の弟には友達がひとりもいない。

4 彼女はパスポートを持っていない。

5 グラスには水がまったく残っていなかった。

6 犯人は良心というものをまったく持っていなかった。

7 私は彼ら（＝ 3 人以上）を、誰も知らない。

8 彼女は撮った写真を 1 枚も私に見せなかった。

語句 ❻犯人：criminal / 良心：conscience

I haven't seen any movies this year.

He doesn't have any money.

My brother has no friends.

She has no passport.

There was no water left in the glass.

The criminal had no conscience whatsoever.

I don't know any of them.

She didn't show me any of the pictures she had taken.

4 none

1 私はこの3着のジャケットのどれも気に入らない。

2 それらの（3軒以上の）家で焼失したものはなかった。

3 そのお金は1円も取り戻せなかった。

4 我々が得た情報で役に立つものはなかった。

5 その少年は5人の友人を誕生日パーティに招いたが、ひとりも来なかった。

6 何か質問はありますか？―いいえ、ありません。

7 牛乳は残っていますか？―いいえ、残っていません。

語句 ❷焼失する：be burned down ❸取り戻す：recover

I like none of these three jackets.

None of those houses was[were] burned down.

None of the money was recovered.

None of the information we got was useful.

The boy invited five friends to his birthday party, but none came.

Do you have any questions?—No, I have none.

Is there any milk left?—No, there is none left.

5 no one / nobody / nothing

1 オフィスには誰もいない。

2 誰も彼の言うことを信じなかった。

3 誰も彼が誰なのか知らなかった。

4 私は自分を責めるしかない（自分以外に責める人がいない）。

5 このコンピュータは何も問題がありません。

6 私は今特にすることがありません。

7 風呂上がりの冷たいビールは最高だ（風呂上がりの冷たいビールのようなものは何もない）。

語句 ❹責める：blame

238

There is no one[nobody] in the office.

No one[Nobody] believed what he said.

No one[Nobody] knew who he was.

I have no one[nobody] to blame but myself.

Nothing is wrong with this computer.

I have nothing particular to do now.

There is nothing like cold beer after taking a bath.

6 few / little

1 その町を訪れる人はほとんどいない。

2 彼女はほとんど間違いを犯さなかった。

3 彼の言ったことを理解した者はほとんどいなかった。

4 冷蔵庫には食べ物がほとんどない。

5 自分の健康にほとんど注意を払わない人たちがいる。

6 私はその国の歴史についてほとんど知らない。

7 やるべきことはほとんど残っていません。

語句 ❹冷蔵庫：refrigerator

075

Few people visit the town.

She made few mistakes.

Very few understood what he said.

There is little food in the refrigerator.

Some people pay little attention to their health.

I know little about the history of that country.

There is little left to do.

7 hardly[scarcely] / seldom[rarely]

1 私はほとんど自分の目が信じられなかった。

2 ジョンは日本に来たとき、ほとんど日本語がわからなかった。

3 海にはほとんど波がなかった。

4 私には彼らの会話がほとんど聞こえなかった。

5 その老人はめったに外出しない。

6 このようなことはめったに起こらない。

7 彼の言うことはめったに間違っていない。

8 彼らは最近めったに外食しない。

語句 ❽外食する：eat out

076

I could hardly[scarcely] believe my eyes.

John hardly[scarcely] understood Japanese when he came to Japan.

There were scarcely[hardly] any waves in the sea.

I could scarcely[hardly] hear their conversation.

The old man seldom[rarely] goes out.

Something like this seldom[rarely] happens.

What he says is seldom[rarely] wrong.

They seldom[rarely] eat out these days.

12 譲歩〈シンプル解説〉

**❶ even if 〜 / even though 〜 /
whether 〜 or not / whether 〜 or …**

even if 〜 は、あとに仮定の内容がきて**「たとえ〜しても」**という意味を表します。

【ex】**Even if** he is sick, he will come.
（たとえ病気でも彼は来るでしょう）

even though 〜 は、あとに事実の内容がきて**「〜だけれども」**という意味を表します。

【ex】**Even though** he was sick, he came.
（病気だったけれども彼は来ました）

whether 〜 or not は**「〜であろうとなかろうと」**という意味を表し、**whether 〜 or …** は、**「〜であろうと…であろうと」**という意味を表します。

【ex】**Whether** he is Japanese **or not**, we will hire him.
（彼が日本人であろうとなかろうと、私たちは彼を雇うでしょう）

Whether you take the train **or** drive, you will get there within an hour.
（電車に乗ろうと車で行こうと、あなたはそこに1時間以内に着くでしょう）

244

❷ 形容詞[副詞・名詞]＋as[though]＋S＋V

「形容詞［副詞・名詞］＋ as[though] ＋S＋V」は「〜だけれ
ども」という意味を表します。文頭に名詞がくるときは冠詞を省
略します。

【ex】 **Tired as[though] she was**, she kept working.
（彼女は疲れていたけれど働き続けた）

Slowly as[though] he walked, he arrived on time.
（彼はゆっくり歩いたけれど時間どおりに着いた）

Old man as[though] he was, he fought bravely.
（彼は老人だったけれど勇敢に戦った）

❸ no matter what[how など]

no matter what[how など] は「〜に関係なく、たとえ〜し
ても」といった意味を表します。

【ex】 **No matter what** we do, he will not be satisfied.
（私たちが何をしようと彼は満足しないでしょう）

No matter where you buy it, the price will be the same.
（どこでそれを買おうと値段は同じでしょう）

No matter how hard you study, you can't master English
in a few months.
（どんなに一生懸命勉強しようと、数か月で英語をマスターす
ることはできません）

1 even if 〜 / even though 〜 / whether 〜 or not / whether 〜 or …

1 たとえ明日雨が降ってもその催しは行われるでしょう。

2 たとえ両親が反対しても彼女は彼と結婚するでしょう。

3 たとえ彼が貧しかったとしても、彼女の彼への愛は変わらないでしょう。

4 たとえ彼が来ていたとしても結果は同じだっただろう。

5 彼は日本に5年住んでいるけれども、彼の日本語はいまだに片言だ。

6 高熱があったにもかかわらず彼は外出した。

7 その俳優はハンサムではないけれど女性にとても人気がある。

8 好むと好まざるにかかわらず君はそれをしなくてはならない。

9 その車が大きかろうと小さかろうと問題ではない。

10 その若者が成功するかどうかは誰にもわからない。

語句 ❶催しを行う：hold an event　❷反対する：object　❺片言の：broken

077

Even if it rains tomorrow, the event will be held.

Even if her parents object, she will marry him.

Even if he were poor, her love for him would not change.

Even if he had come, the result would have been the same.

Even though he has lived in Japan for five years, he still speaks broken Japanese.

Even though he had a high fever, he went out.

Even though the actor is not handsome, he is very popular among women.

Whether you like it or not, you have to do it.

It doesn't matter whether the car is large or compact.

Nobody knows whether the young man will succeed or not.

2 形容詞 [副詞・名詞] ＋ as[though] ＋S＋V

1 彼は若いけれども成熟している。

2 寒かったけれども彼女はヒーターをつけなかった。

3 信じがたかったけれど、彼はその難しい試験に受かった。

4 疲れていたけれど私は残業した。

5 懸命にやってみたけれど、彼らはそのドアを開けることができなかった。

6 女性だけれど、彼女はたいていの男性より力がある。

7 有名な映画スターだけれど、彼は謙虚だ。

8 遅かったが、彼らは出発した。

9 彼女は彼をとても尊敬していたが、愛してはいなかった。

10 非常に困難と思われたが、そのプロジェクトは実行された。

語句 ❶成熟している：mature　❹残業する：work overtime
❼謙虚な：modest　❽出発する：set off　❿実行する：carry out

078

Young as[though] he is, he is mature.

Cold as[though] it was, she did not turn on the heater.

Unblieavable as[though] it was, he passed the difficult exam.

Tired as[though] I was, I worked overtime.

Hard as[though] they tried, they could not open the door.

Woman as[though] she is, she is stronger than most men.

Famous movie star as[though] he is, he is modest.

Late as[though] it was, they set off.

Much as[though] she respected him, she did not love him.

Very difficult as[though] it seemed, the project was carried out.

譲歩

3 no matter what[how など]

1 彼が何を言おうとあなたは彼を信じてはいけない。

2 何が起ころうと私は諦めません。

3 どんなに頑張ってみても彼はそれを理解できなかった。

4 どこに行こうとその歌手（女性）はファンたちに見つけられる。

5 私がいつ彼の家を訪ねようと彼は留守だ。

6 彼が何度プロポーズしようと、彼女はどうしてもイエスと言わなかった。

7 誰が彼を招待しようと、彼はパーティに行かなかった。

8 どちらの経路をとっても私たちはそこに着くことができる。

9 あなたが今までどんなに幸運であっても、その幸運がいつまでも続くと思うべきではない。

10 どんなに忙しくても、彼は家族と過ごす時間を見つけようとする。

語句 ❻〜にプロポーズする：propose to 〜　❽経路をとる：take a route

250

079

No matter what he says, you must not believe him.

No matter what happens, I will not give up.

No matter how hard he tried, he could not understand it.

No matter where she goes, the singer is found by her fans.

No matter when I visit his house, he is out.

No matter how many times he proposed to her, she wouldn't say yes.

No matter who invited him, he didn't go to parties.

No matter which route we take, we can get there.

No matter how lucky you have been, don't expect your luck to last forever.

No matter how busy he is, he tries to find time to spend with his family.

13 その他〈シンプル解説〉

❶ some ～, others … など

some ～, others … は「～もあれば…もある」という意味を
表します。

【ex】 **Some** people like reading, and **other** people[**others**]
don't.
（読書が好きな人もいればそうでない人もいる）

共通の語句が省かれることもあります。

【ex】 **Some** people like meat, and **others** fish.
（肉が好きな人もいれば、魚が好きな人もいる）

some ～, the others … は、限られた集合について「あるも
のは～、他は皆…」という意味を表します。

【ex】 **Some** of the problems were difficult, but **the others**
were easy.
（問題のいくつかは難しかったが、残りは簡単だった）

❷ 無生物主語

英語では無生物を主語に用いる構文がよく使われます。

【ex】 **A few minutes' walk** will take you there.
（数分歩けばあなたはそこに着くでしょう）⟵数分の徒歩があ
なたをそこに連れて行くでしょう。

The car enables us to go to various places quickly.

（車のおかげでいろいろなところに素早く行ける）⇐車は私たちがいろいろな場所に素早く行くことを可能にする。

What made her go there alone?

（なぜ彼女はひとりでそこに行ったのですか？）⇐何が彼女をひとりでそこに行かせたのですか？

❸ 倒置

●否定を表す語が文頭にくるとき

never（決して～ない、一度も～したことがない）、**little**（まったく～ない）、**seldom**（めったに～ない）のような否定を表す語が文頭にくるとき、**一般動詞の文では「否定語＋助動詞＋主語＋動詞の原形」の語順になり、be 動詞の文は「否定語＋ be 動詞＋主語」の語順になります（完了形の文は否定語＋ have などの助動詞＋主語＋過去分詞）。**

【ex】**Never does he drink** at home.

（彼は家では決して酒を飲まない）

Never is the child quiet.

（その子どもが静かにしていることは決してない）

Seldom does he go out.

（彼はめったに外出しない）

Little did she know that he was sick.

（彼女は彼が病気だということをまったく知らなかった）

Never have I read such an interesting book.

（私はかつてこんなに面白い本を読んだことがない）

● **方向や場所を表す副詞（句）が文頭にくるとき**

方向や場所を表す副詞（句）が文頭にくるとき、主語と動詞の倒置が起こります。

【ex】 **Up went** the ball.

（ボールは上がった）

Away flew the bird.

（鳥は飛び去った）

Here comes the bus.

（ほらバスが来た）

In front of the station stood a tall building.

（駅の前に高い建物が建っていた）

代名詞が主語の場合、倒置は起こりません。

【ex】 Here he comes.

（ほら彼が来た）

● **分詞が文頭にくるとき**

分詞が文頭にくるとき、主語と動詞の倒置が起こります。

【ex】 **Playing** the piano in the music room was Emily.

（音楽室でピアノを弾いていたのはエミリーでした）

Attached is the estimate.

（見積もりを添付しました［添付されているのは見積もりです］）

＊ attach：添付する

① some 〜, others … など

1 勤勉な人もいれば、そうでない人もいます。

2 毒を持っているヘビもいれば、持っていないヘビもいます。

3 都会の生活が好きな人もいれば、田舎暮らしが好きな人もいる。

4 本を読むことは、ある人たちにとっては面白いが、他の人たちにとっては退屈だ。

5 これらの本の何冊かは面白かったが、残りの本はそうではなかった。

6 クラスの生徒のうち何人かは問題を解けたが、残りの生徒は解けなかった。

7 彼の2つの報告書のひとつは上司を満足させたが、もうひとつは違った。

8 彼女の2人の子どものうちのひとりは結婚していますが、もうひとりはまだ独身です。

9 クラブのメンバーはひとりだけが女の子で、残りは男の子だった。

10 映画の冒頭は面白かったが、残りは退屈だった。

語句 ❶勤勉な：diligent　❷毒：poison
❸都会の生活：urban life / 田舎暮らし：country life
❻解く：solve　❼報告書：report / 満足させる：satisfy　❾残り：rest

080

Some people are diligent, and others are not.

Some snakes have poison, and others don't.

Some people like urban life, and others country life.

Reading books is interesting for some people while it is boring for others.

Some of these books were interesting, but the others were not.

Some students of the class could solve the problem, but the others couldn't.

One of his two reports satisfied the boss, but the other didn't.

One of her two children is married, but the other is still single.

Only one member of the club was a girl, and the rest were boys.

The beginning of the movie was exciting, but the rest was boring.

その他

② 無生物主語

1 飲みすぎると健康を害しますよ。

2 彼の言葉で私はほっとした。

3 彼女の笑顔は、どんな苦境でも彼を元気づけた。

4 10分ぐらい歩くと駅に着くでしょう。

5 その写真を見ると私は学生時代を思い出す。

6 インターネットのおかげで私たちは容易にさまざまな情報を得ることができる。

7 大雨のために彼らはその催しを延期せざるを得なかった。

8 プライドのせいで彼女は助けを求めることができなかった。

9 新聞によると和平交渉は成功した。

10 彼はなぜ彼女が自分に気があると思ったのですか?

語句 ❶害す:ruin　❷ほっとさせる:relieve
❸苦境:predicament / 元気づける:cheer up
❺学生時代:school days / ～に…を思い出させる:remind ～ of …
❻さまざまな:various / ～が…することを可能にする:enable ～ to …
❼延期する:put off / ～が…することを余儀なくする:oblige ～ to …
❾和平交渉:peace talks　❿～に気がある:be interested in ～

258

081

Too much drinking will ruin your health.

His words relieved me.

Her smile cheered him up in any predicament.

About ten minutes' walk will take you to the station.

The photo reminds me of my school days.

The Internet enables us to get various information easily.

The heavy rain obliged them to put off the event.

Her pride did not allow her to ask for help.

The newspaper says that the peace talks were successful.

What made him think that she was interested in him?

3 倒置

1 彼女は決して遅刻しない。

2 その男は滅多に家にいない。

3 彼が自分に恋をしているとは彼女には思いもよらなかった。

4 私は人生でこんなに美しい光景を見たことがありません。

5 風船は上がった。

6 ほら私たちが乗る電車が来た。

7 湖のほとりにそのホテルは建っていた。

8 角を曲がったところにその図書館はある。

9 男の子たちのはるか前を走っていたのはメアリーだった。

10 月間報告書を添付いたします（添付されているのは月間報告書です）。

語句 ❸〜に恋をしている：be in love with 〜　❺風船：balloon
❿月間報告書：monthly report

082

Never does she come late.

Seldom is the man at home.

Little did she know that he was in love with her.

Never in my life have I seen such a beautiful sight.

Up went the balloon.

Here comes our train.

By the lake stood the hotel.

Around the corner is the library.

Running far ahead of the boys was Mary.

Attached is my monthly report.

英語構文習得の鍵は基本文型のマスター
〈私自身の体験から〉

本書で取り上げたような構文は、中学英語で学ぶ基本文型と比べ難度の高いものです。日本人がこのような構文と本格的に出会うのは、高校の授業や大学受験のための学習においてでしょう。複雑な英文の正確な読解や英文法の習得のために構文の知識は必須ですので、学生・受験生たちは構文集などの暗記に励むわけです。

　多くの学習者は、このレベルの構文と単純・簡素な基本文型とはまったく別のものと考えがちです。しかし、実際は基本文型とレベルの高い大学受験レベルの英語構文はそれぞれ独立した体系ではありません。基本文型の土台の上に、レベルの高い英語構文が構築されているからです。

　高いレベルのこと・複雑なことを行うためには、それ以前の基礎となるスキルが必要です。
　野球のダブルプレーを例にとってみましょう。
　1塁に走者がいるケースで、バッターが内野ゴロを打ち、3塁手などの内野手がゴロを捕球したあと、走者が2塁に達する前に、まずは2塁手に送球しアウトをひとつとり、今度は2塁手がバッターランナーの1塁到達前に、1塁手に送球して2アウトをとる基本的なパターン。プロ野球をはじめ高いレベルの野球では当たり前のプレーです。

　私も小学生のころ、当時の子どもの多くがそうしたように放課後よく友人たちと野球に興じたものです。小学生が遊びでやるレベルの野球では、例に挙げたようなダブルプレーはまず起こりません。たまたまダブルプレーが成立したりすると、もう奇跡が起こったかのように、両チームが試合そっちのけで大喜びなどという珍事も起こったり

します。

　このようなダブルプレーは、より基本的な技術の組み合わせで実現
されます。つまり、ゴロを確実に捕球すること、ボールを一定の距離
の先にいる誰かに正確に投げること、投げられたボールを受けとり即
座に投げ返す、といったようなことです。そしてこうした基本技術を
身につけるためには、キャッチボールやノックのような練習が欠か
せません。

　私たちもキャッチボールやノックをやりはしましたが、いかんせん
遊びの野球ですから、単調な基本練習などすぐにやめてしまいます。
そして未熟な技術で試合ばかりをすることになります。一方、高いレ
ベルの野球のプレーヤーたちは、基本的動作が呼吸をするくらいに自
動的に行えるようになるまで地味な基本練習を繰り返します。

　難度の高い英語構文をダブルプレーだとすると、基本文型は、ノッ
クやキャッチボールで習得する基本技術と言えるでしょう。より複雑
な構文を本当に身につけるためには、土台となる基本文型を何となく
わかっている程度では不十分です。反射的に英文をつくれるレベルに
まで習熟することが必要です。

　「難度の高い構文は、あくまで基本文型の組み合わせ、応用にすぎ
ません。したがって、英語構文を習得するには、基本文型に習熟して
いることが前提。逆を言うと、基本文型に習熟していれば続くレベル
の英語構文の習得は非常に容易になります」と、私は主宰する英語教
室における指導で口を酸っぱくして説明しています。

私自身はこのことを、瞬間英作文トレーニングを通じて、偶然にも悟ることとなりました。

　20代半ば、私はリスニング、多読、語彙力など英語力の他の側面はかなりのレベルに達しているのに、一向に伸びないスピーキングに悩んでいました。その根本的な原因が、基本文型を使いこなせないことであるのは自覚していましたが、当時の私には基本文型の練習はいかにも単調・退屈なことに思われ避けていました。しかし、ついにこの問題の解消のために重い腰を上げて、瞬間英作文トレーニングによる基本文型マスターに乗り出す決心をしました。

　実際に始めてみると、完全な食わず嫌いだったことがわかりました。私にとっては、瞬間英作文トレーニングは退屈でも辛いことでもありませんでした。トレーニング自体は単純なゲームのような面白さがあり、何よりも日ごとに反射スピードが増していくのを感じられるのが嬉しかったのです。20代という若さと毎日数時間というトレーニング量もあり、半年程度で基本文型を自在に使いこなせるようになりました。

　そして、その過程で、副産物として基本文型以外の構文も身についていました。

　私は当時塾などで英語を教えていて、授業で構文について生徒に説明することはできましたが、それは実践力を伴わない頭だけの知識にすぎませんでした。何しろ、構文を使って自由に英文をつくることなどできなかったのですから。フォームや体重移動などについて講釈できても、自分ではバク転やバク宙ができない体操コーチのようなものでした。

しかし、瞬間英作文トレーニングで基本文型が身につくにつれ、興味深いことが起こり始めました。授業準備でその日扱う構文の確認をしていると、それまでと違い感覚的に理解できるのです。基本文型が完全に自分のなかに取り込まれたため、構文中で基本文型がどのように組み合わされ、変化・応用されているかが手に取るようにわかるようになり、その上に被せられている構文形成のための仕掛けが浮き彫りのように見えるようになったからでした。

　例えば、「〜するとすぐに…」という意味の hardly 〜 when … は、学習者が苦手とする構文のひとつです。

　「その男は警官を見るとすぐに、走り去った」をこの構文を使って英文にすると、
　　The man had hardly seen the policeman when he ran
　　away.
となります。

　この構文の仕組みは、準否定語の hardly を添えた過去完了時制の文と過去形の when 節の組み合わせですが、when 節は中学英語ですし、過去完了の文をつくるには、現在完了時制の have[has] を had に変えるだけでいいので、基本文型が身についていれば実に簡単です。

　難度の上がる hardly を文頭に出す倒置形は、
　　Hardly had the man seen the policeman when he ran
　　away.
ですが、これも反射的に現在完了の疑問文をつくれれば、何ら難しい

ことはありません。つまり、この構文の難しさは、基本文型をマスターすれば氷解してしまいます。

A whale is no more a fish than a horse is (a fish).
「鯨が魚でないのは馬が魚でないのと同じだ」
の例文でおなじみの、いわゆる「クジラの構文」も難構文の代表格とされます。

He can no more swim than a hammer can (swim).
「彼が泳ぐことができないのは金づちが泳げないのと同じだ＝彼は泳ぎはまったくダメだ」
もよく使われる例文です。

この構文のロジックは、否定されるのが前提の文と比較することによってもうひとつの文の内容を否定するというもので、no more ～ than … という「被せもの」が使われます。
学習者を悩ませるこの仕組みも、いったん基本文型をマスターしてしまうと、あれこれ考えずに直感的に納得できます。

そして、被せものを消去してしまうと、

A whale is a fish. A horse is a fish.
He can swim. A hammer can swim.
という中学初歩の英文が残っているだけです。「幽霊の正体見たり枯れ尾花」の感があります。

今までややこしく思えた構文とはこんなに簡単だったのだと驚きながら、構文集をめくり例文を軽く呟いているうちに、収録された構文はすべてマスターしていました。日本語訳を見て英語例文を暗唱でき

るだけではなく、それぞれの構文を使って自分で英文を自由につくれるようになっていたのです。そのために特別の努力をしたわけではありません。基本文型の習得で起きた一種の体質変化によって、自然に消化吸収してしまったということです。

　構文の仕組みを分析し、知的に納得・理解することも可能でしょうが、基本文型のマスターを経た習得とは大きな隔たりがあります。それは、パズル解きのようなもので、言語としての実感が伴わず、また、構文を自由自在に操り、スピーディに英文をつくれるようにはならないからです。

　英語構文を本当に習得したいと望む人は、基本文型が十分に身についているかどうか自己診断してみてください。もし、まだ基本文型を使いこなすことができなければ、それを超えた構文に取り組むのは時期尚早だと思います。しばらくは、基本文型のマスターに励みましょう。功を焦る必要はありません。いったん基本文型が身についてしまえば、構文習得の行程はこのうえなくスムーズで快適なものとなるのですから。

▆ 著者紹介

森沢洋介（もりさわ・ようすけ）

1958年神戸生まれ。9歳から30歳まで横浜に暮らす。
青山学院大学フランス文学科中退。大学入学後、独自のメソッドで、日本を出ることなく英語を覚える。予備校講師などを経て、1989〜1992年アイルランドのダブリンで旅行業に従事。TOEIC®スコアは985点。
学習法指導を主眼とする、六ツ野英語教室を主宰。
ホームページ http://mutuno.sakura.ne.jp/
［主な著書］『英語上達完全マップ』『CD BOOK どんどん話すための瞬間英作文トレーニング』『CD BOOK スラスラ話すための瞬間英作文シャッフルトレーニング』『CD BOOK ポンポン話すための瞬間英作文パターン・プラクティス』『CD BOOK おかわり！ どんどん話すための瞬間英作文トレーニング』『CD BOOK おかわり！ スラスラ話すための瞬間英作文シャッフルトレーニング』『CD BOOK バンバン話すための瞬間英作文「基本動詞」トレーニング』『CD BOOK みるみる英語力がアップする音読パッケージトレーニング』『CD BOOK NEW ぐんぐん英語力がアップする音読パッケージトレーニング 中級レベル』（以上すべて、小社刊）

- ── カバー・本文デザイン　　OAK 小野光一
- ── カバー・本文イラスト　　森沢弥生
- ── 音声ナレーション　　　　Howard Colefield（アメリカ英語）／森麻衣
- ── 校正　　　　　　　　　　仲慶次／藻谷綾乃

［音声DL付］**英語構文を使いこなす瞬間英作文トレーニング マスタークラス**

2023年4月25日	初版発行	
2024年9月1日	第4刷発行	
著者		森沢洋介
発行者		内田真介
発行・発売		ベレ出版
		〒162-0832 東京都新宿区岩戸町12レベッカビル
		TEL.03-5225-4790　FAX.03-5225-4795
		ホームページ https://www.beret.co.jp/
印刷		三松堂印刷株式会社
製本		根本製本株式会社

ISBN978-4-86064-722-3 C2082　　　　　　　　編集担当　綿引ゆか

CD BOOK 2枚付き どんどん話すための 瞬間英作文トレーニング

森沢洋介 著

四六並製／定価1980円（税込）■ 208頁
ISBN978-4-86064-134-4 C2082

「瞬間英作文」とは、中学で習うレベルの文型で簡単な英文をスピーディーに、大量に声に出して作るというものです。文型ごとに中1・中2・中3のレベルに分けて、付属のCDと一緒にトレーニングしていきます。簡単な英文さえ反射的には口から出てこない、相手の話す英語はだいたいわかるのに自分が話すほうはからきしダメ、という行き詰まりを打破するのに効果的なトレーニング法です。

CD BOOK 2枚付き スラスラ話すための瞬間 英作文シャッフルトレーニング

森沢洋介 著

四六並製／定価1980円（税込）■ 248頁
ISBN978-4-86064-157-3 C2082

前作『どんどん話すための瞬間英作文トレーニング』では、文型ごとに中学1・2・3のレベルに分けた例文を瞬間的に英作文して基礎力をつけました。本書では応用力をつけ反射神経を磨いていきます。前半では文型がシャッフルされた例文を、後半では文型が様々に組み合わさったちょっと長めの例文でトレーニングします。スラスラ話せるようになる英作文回路がしっかり作れるトレーニング法です。

CD BOOK 2枚付き ポンポン話すための瞬間英作文 パターン・プラクティス

森沢洋介 著

四六並製／定価1980円（税込）■ 184頁
ISBN978-4-86064-193-1 C2082

本書は、『どんどん話すための瞬間英作文トレーニング』『スラスラ話すための瞬間英作文シャッフルトレーニング』既刊のこの2冊のように1文1文を英作文していく方法では日本語にひっぱられてしまって成果をあげづらいという方のために考えた、肯定文を疑問文にしたり、主語や動詞など部分的に単語を入れ換えてそれに瞬間的に反応して英作文していくという新しいトレーニング本です。

CD BOOK バンバン話すための瞬間英作文「基本動詞」トレーニング

2枚付き

森沢洋介 著

四六並製／定価 1980 円（税込）■ 288 頁
ISBN978-4-86064-565-6 C2082

瞬間英作文の最終段階、第 3 ステージのトレーニング本です。森沢式では、中学レベルの構文ごとにトレーニングを行なうのが第 1 ステージ、それらの構文をシャッフルした第 2 ステージ、そして中学文型の枠をはずしてあらゆる文型と表現の習得をしていくのが第 3 ステージとなっています。get、have、come などの基本動詞を会話に自在に使えるようになると、表現の幅が広がり自然でなめらかな英語が話せるようになります。

CD BOOK みるみる英語力がアップする音読パッケージトレーニング

2枚付き

森沢洋介 著

四六並製／定価 1870 円（税込）■ 176 頁
ISBN978-4-86064-246-4 C2082

外国語の力をつけるためには、構造と意味が理解できる文を自分の音声器官である耳と口を使ってトレーニングすることが必須です。本書では、この 1 冊のテキストで、音読、リスニング、リピーティング、シャドーイングをすべてパッケージしてトレーニングを行います。これを「音読パッケージ」と称しています。中学レベルの英文で、語彙も制限し、初級から初中級の学習者に最適のテキストとなっています。英文をトレーニングに合わせたパターンで収録した CD 付きです。

CD BOOK NEW ぐんぐん英語力がアップする音読パッケージトレーニング 中級レベル

森沢洋介 著

四六並製／定価 1980 円（税込）■ 232 頁
ISBN978-4-86064-670-7 C2082

1 つのテキストで、音読、リスニング、リピーティング、シャドーイングを行う [音読パッケージトレーニング]。それぞれの訓練を 1 つの素材、1 つのパッケージにして行えば効果は倍増、という大好評シリーズ中級レベルの完全リニューアル版です。初級レベルとなる『みるみる英語力がアップする音読パッケージトレーニング』は中学英語レベルですが、本書は高校レベルの英語で構成されています。今回も英文をトレーニングに合わせたパターンで収録した CD 付き。

六ツ野英語教室

本書の著者が主宰する学習法指導を主体にする教室です。

🐾 **電話**

047-351-1750

🐾 **ホームページアドレス**

http://mutuno.sakura.ne.jp

🐾 **所在地**

千葉県浦安市北栄 1-16-5 東カン グランドマンション 310

浦安駅から徒歩 1 分

🐾 **コース案内**

レギュラークラス…週一回の授業をベースに長期的な
学習プランで着実に実力をつけます。

トレーニング法セミナー…本書で紹介した「瞬間英
作文トレーニング」の他、「音読パッケージ」、「ボキャビ
ル」などトレーニング法のセミナーを定期開催します。

＊（レギュラークラス）（トレーニング法セミナー）とも
にオンラインで受講可能です。